U0732387

志愿档案
行业抉择与规划

ZHIYUAN DAGNAN HANGYE JUEZE YU GUIHUA

陈 麒◎著

云南大学出版社
YUNNAN UNIVERSITY PRESS

图书在版编目（CIP）数据

志愿档案：行业抉择与规划 / 陈麒著. -- 昆明：
云南大学出版社，2015
ISBN 978-7-5482-2515-7

Ⅰ. ①志… Ⅱ. ①陈… Ⅲ. ①大学生－职业选择
Ⅳ. ①G647.38

中国版本图书馆CIP数据核字(2015)第305793号

出品人：吴　云
策划编辑：王翌泮
责任编辑：严永欢
责任校对：何传玉
装帧设计：刘文娟

志愿档案
行业抉择与规划

ZHIYUAN DAGNAN HANGYE JUEZE YU GUIHUA

陈　麒◎著

出版发行：云南大学出版社
印　　装：昆明宝王印务有限公司
开　　本：787mm×1092mm　1/16
印　　张：9.75
字　　数：180千
版　　次：2016年3月第1版
印　　次：2016年3月第1次印刷
书　　号：ISBN 978-7-5482-2515-7
定　　价：39.80元

社　　址：昆明市翠湖北路2号云南大学英华园内
邮　　编：650091
电　　话：（0871）65033244　65031071
网　　址：http://www.ynup.com
E-mail：market@ynup.com

本书若有质量问题，请与印厂调换。（联系电话：0871—68199185）

目　　录

□　导　言 ·· （1）

1　金融行业 ·· （17）
　体制内金融行业的 SWOT 分析 ·· （28）

2　卫生医疗行业 ·· （32）
　医疗行业的 SWOT 分析 ·· （35）

3　法律行业 ·· （40）
　法律行业的 SWOT 分析 ·· （45）

4　IT 行业 ·· （50）
　IT 行业（信息技术）的 SWOT 分析 ·· （57）

5　基础建设行业 ·· （62）
　基础建设行业的 SWOT 分析 ··· （64）

6　房地产及建筑设计行业 ·· （67）
　房地产及建筑设计行业的 SWOT 分析 ····································· （75）

7　发电行业 ·· （79）
　发电行业的 SWOT 分析 ·· （81）

8　机械制造行业 ·· （84）
　机械制造行业的 SWOT 分析 ··· （89）

9 媒体行业 ·· (93)
　媒体行业的 SWOT 分析 ······························· (96)

10 电力行业 ·· (98)
　电力行业的 SWOT 分析 ······························ (101)

11 化工行业 ··· (104)
　化工行业的 SWOT 分析 ······························ (106)

12 资源行业 ··· (109)
　资源行业的 SWOT 分析 ······························ (115)

13 材料制造与冶金行业 ·································· (118)
　材料制造与冶金行业的 SWOT 分析 ··············· (123)

14 小语种行业 ·· (126)
　小语种行业的 SWOT 分析 ···························· (132)

15 会计行业 ··· (134)
　会计行业的 SWOT 分析 ······························ (135)

16 师范行业 ··· (139)
　师范行业的 SWOT 分析 ······························ (147)

导　言

　　笔者一直在思考着在中国目前的制度下"人的发展""教育""大学"与"社会"的关系，毫无疑问，这些复杂关系中存在着一些共性的规律。而在本书中，笔者将要尝试用不同主人公的教育与职业发展案例为读者推理社会规则、制度与人的发展的规律。并且通过对主要核心行业的SWOT（竞争优势、竞争劣势、机会、威胁）分析，笔者希望更加清楚地让家长和考生认识到结合自身条件与家庭背景做好学业规划的重要性，希望读者可从不同案例的比较与SWOT分析中发现一些规律、得到一些启发，最终为学生高考志愿填报做好足够充分的准备。

　　读者需要注意的是，本书涉及的核心专业均是各行业的"主体"专业，非主体专业不在本书的讨论范围之内。主体专业和非主体专业在行业内的差距十分巨大，如基础医学、康复医疗学、医学生物技术、口腔医学技术等等专业名义上都是医学类专业，但是这些非主体专业都无法取得执业医师资格证，学生毕业以后无法获得行医资格，在行业中的发展已基本处于边缘化的状态。因此，笔者建议考生和家长尽量在志愿填报中考虑最核心的主体专业，以避免就业之后的边缘化。中国目前本科高校招生的专业多达1000余个，但真正的核心专业也就只有20几个，这是考生和家长在志愿填报中必须重视的核心问题之一。

　　另外，在数年的志愿填报指导与科研工作过程中，笔者发现许多家长关心的一些共性问题，例如：

　　（1）为什么我们要读大学？
　　（2）兴趣和专业能够画等号吗？
　　（3）什么是大学？
　　（4）如何抉择职业和行业？
　　（5）专业能够和职业、行业无缝对接吗？

　　这些问题将在本书找到答案，笔者相信家长和考生能够清晰地明确自己填报志愿的目的，为进一步分析录取数据、规划志愿填报方案做好充分的准备。

一、为什么我们要读大学？

　　对于这个问题，不同条件的家庭有不同的回答。对于农家子弟来说，通过读书改变自己的命运，跳出农门，成为一个城市人，这可能是他们的回答；对于条件较好的中产家庭或者富裕家庭来说，读书可能是为了学习更多的知识、获得更好的发展平台、结交更多的朋友、拿到更好的学历证明，为个人和家族的发展提供更好的机会。

无论什么样的家庭背景的考生，在当今社会条件下考大学的目的中都有非常明显的趋利性，就是想从上大学中获得更好的资源。目前看来，高考的趋利性甚至超出了教育本来的目的——人的全面发展。所以才有千军万马过独木桥的高考，而高考也成了社会资源的筛选器，分数越高的学生越可能获得更好的教育资源与社会资源。因此，高考获得了分配社会资源的公平职能。由于高考的公平职能导致了过度的应试教育，应试教育对人的生理发育和心理发展产生了许多负面的作用。

不同等级的大学真的能够为学生提供不同等级的社会资源吗？

在1999年中国大学扩招以前，的确是的。

扩招之前：

1999年以前面中国每年应届的本专科大学生招生人数为108万，本科和专科的人数各占一半。而当年中国的就业人口就达到了1400万人，应届大学生招生比例仅为7.71%。而在1990年至1999年之间，应届大学生的招生比例一直维持在6%左右。在1978年高校恢复招生至1990年，这个比例仅为3%左右。所以在扩招以前，大学生不但是千挑万选的人才，被誉为"天之骄子"，同时，改革开放的红利也确实为扩招之前的大学生提供了极为良好的发展机会。在扩招之前，普通高中生通过考大学的确能够改变自己的命运，获得良好的生活条件与发展机会。2016年参加高考的学生的家长许多都有参加高考的经历，以家长亲身经历、周围同学的耳濡目染，的确感受到了他们那个年代高考胜利者所获得的成功——20世纪80年代、90年代的大学生几乎都成了社会最中坚的力量，无论是体制内还是体制外，80、90年代的大学生已经成为"处级"干部对应岗位最主要的构成人群。所以，对于普通家庭来说，对高考的认知仍然停留在改革开放、高等教育改革初期带来红利的阶段。虽然大家都认可目前大学生就业很困难，但是几乎所有人仍然认为高考是普通家庭子弟走向成功、获得优质社会资源最重要的独木桥。

2016年，时代变了：

2015年中国大学毕业生749万，本科生356万，硕士毕业生52万，适龄就业人口1200万。硕士生人口占适龄就业人口的比例为4.3%，本科为29.6%，大学生人口比例为62.4%。全国150所重点大学本科招生约为100万人，重点大学毕业生人口占全国大学毕业生人口的比例约为13%。这些冷冰冰的数字毫无疑问给家长们提了个醒，大学生已经不是天之骄子了。即使招生比例较小的硕士生也不能称之为天之骄子。在大量优秀本科生的竞争下，硕士生的就业也举步维艰。

这个问题的核心在于大学生在各行各业几乎都处于饱和状态。显然，当下中国大学的多数专业已经不能够以目前的教育方式教给大学生一门手艺，而且绝大多数大学的毕业证也不能够成为大学生获得社会资源的通行证。

因此我们可以说，扩招之后，重点大学的本科毕业证或者硕士毕业证也不能直接为考生提供很好的教育资源和就业机会保证。

为什么？

大学毕业证就像过度印刷的钞票，即使是名牌大学毕业生的毕业证，都通通贬值了。最关键的是，中国高校并没有按照市场需求提供合理专业比例的大学毕业生。尤其在中国行政权力处于主导地位的背景下，教育作为社会的上层建筑、政府职能的组成部分之一，教育改革滞后于社会的改革，教育部门的权力封印于体制内，体制内的大学教育与体制外的市场需求严重脱节。虽然从素质教育的角度来说，中国大学生的人口比例已经接近或者超过许多发达国家，但实际上，扩招过程中高等教育质量的下降有目共睹。

扩招后大学毕业生的构成变化（以 2013 年为例）可参看表 1：

表1　2013 年中国大学毕业生人数构成统计

批　次	中国大学生 2013 年毕业人数（单位：万人）	比　例
文科本科	164. 1062	51.29%
理科本科	155. 8654	48.71%
本科合计	319. 9716	100%
文科专科	136. 7762	42.91%
理科专科	181. 9732	57.09%
专科合计	318. 7494	100%
文科本专科合计	300. 8824	47.11%
理科本专科合计	337. 8386	52.89%
总人数合计	720. 1716	100%

数据来源：《2014 年中国统计年鉴》。

其中，我们不难发现 2013 年本科文科毕业生占本科毕业生人数比例已达 51.29%，本科理科毕业生为 48.71%；专科的文理科占比各为 42.91% 和 57.09%，更为重要的是，本科生比专科生多。在中国这样一个吸收劳动力以制造业、建筑业为主的产业结构的大背景下，高考专业招生结构与社会产业结构的需求不匹配产生了巨大的矛盾。

通过对一些统计资料的比较，我们不难发现目前的高校专业结构已无法适应产业结构的需求，高校人才培养的数量也已经大大超出实体经济对于高层次人才的实际需求。本科教育沦为"素质"教育，但是按照国内高校的培养水平，相当多的高等院校的教育水平既没有达到培养实用专业技能人才的要求，也达不到提升本科生综合素质的水平。为什么文科专业培养量过剩，而理工科专业培养却相对要好一些？因为文科专业扩招的成本低很多。一个文科专业只需要几个专业老师就可以开设了，而开设理工科专业所需要的博士高层次人才培养难度较大，实验设备购置成本较高，扩招难度相对较大，所以造成了高校专业培养结构失调的问题，并且已经形成了一定程度的恶性循环。

以低端制造业、建筑业为代表的主力行业对高校毕业生的需求较少，其他需要高校毕业生的行业也远远容纳不了相关专业的毕业生。尤其是 1999 年扩招以后，文学类、法学类、教育学类、经济管理类、计算机类专业大量扩招。除了培养人数大量过剩以外，许多学校师资力量、培养质量也跟不上社会需求的脚步。据调查统计，金融类专业、管理类专业 2 个毕业生抢 1 个饭碗，计算机类专业 4 个毕业生抢一个饭碗，艺术、外语类专业 9 个毕业生抢 1 个饭碗。在这样的大背景下，无论怎么改革招生制度，也改变不了数以百万计的大学生毕业后"啃老"的现状。

以中国高考人数最多的河南省各个批次的招生情况来看：

表2　2013 年河南省各地次招生情况表

批次、科类	人　数	比　例
一本文科	9726	38.02%
一本理科	15856	61.98%
合计	25582	100%
二本文科	18749	48.31%
二本理科	20060	51.69%
合计	38809	100%
三本文科	17478	55.37%
三本理科	14086	44.63%
合计	31564	100%
一专文科	57835	40.90%
一专理科	83556	59.10%
合计	141391	100%

数据来源：《2013 年河南省招生计划汇编》。

从上述数据不难发现，重点院校、公立专科院校的文科招生规模相对较小，普通院校、民办高校的文科招生规模较大。其中三本的文科生比例超过理科，二本的文理科比例接近1:1，专科的文科比例也达到近41%。

结论：

（1）选择好的行业是填报志愿最重要的考虑因素；

（2）无论文理科，选择专业比选择学校更重要；

（3）由于文科专业开设过多、文凭缺乏竞争性，三本已经沦为鸡肋；

（4）硕士文凭或许是进入体制内好行业的必要条件；

（5）文科专业严重过剩。

二、兴趣和职业能够画等号吗？

相当多的家长和考生还抱有一个理想的状态——我的专业和工作就是自己的兴趣爱好。在现实生活中，能够实现这个理想的人低于千分之一，因为中国的主流意识是培养"螺丝钉"，而非关注个人的成长和发展。因此，中国社会绝大多数人的状态仅仅是获得一份养家糊口的工作，如果这份工作能够为我带来更多的财富和地位，不仅牺牲自我的兴趣爱好不要紧，也许搭上健康、人格、家庭、时间也无所谓。

从教育的角度来说，有一点非常明确的是：中国的初等教育、中等教育阶段从来不涉及学生的兴趣爱好培养。在社会资源相对贫乏的情况下，从小学开始，就读重点小学、重点初中、重点高中都是家长和考生争夺优质教育资源的重要手段。不得不承认，从初中阶段开始，中国几乎所有的中学都承担着一个任务——让不同的学生获得更高的分数，以此获得更好的大学文凭，最终通过考试获得优质的社会资源——垄断行业的就业机会、技术门槛极高的职业资格。

而中国现行的学科考试制度下，中学阶段获取更高分数的唯一手段基本上就是题海战术，而题海战术的最大恶果就是使学生在中学教育阶段缺乏认知自己、认识社会的实践。因此，在学科考试制度的大环境下，笔者认为多数考生几乎不可能正确、系统地认识自己的兴趣。加上职业认知教育的缺失，多数考生也几乎没有可能产生正确、系统、科学的职业倾向。在现行的教育制度下，多数学生被培养成了功利主义者，分数是为了更多的资源，各种证书也是为了更多的资源。因此，笔者认为所谓兴趣爱好在考生填报志愿的过程当中，应该作为最不重要的一个参数，若非特殊情况下，建议忽略不计。在本书的案例中，笔者会用多个案例证明凭高中生的"兴趣"填报志愿会出现严重的后果。

在这样的大前提下，志愿填报的好坏将直接影响到学生未来资源的获取。笔者最重要的工作就是帮助学生和家长找到目前各个大学还有价值的专业，通过这些专业的培养，多数学生能够获得相匹配的社会资源和自我生存手段，这就是我们读大学、选专业的目的。

怎么办？

笔者的建议是，本科阶段不要考虑兴趣爱好的因素，既然高考的主要核心要素是功利，那么以功利的方式选择专业和大学才是获得更多社会优质资源的手段。如果要考虑兴趣爱好，建议到研究生阶段再予以考虑。例如，本科阶段选择目前社会发展重点支持的方向的相关专业更符合以社会需求为目的，如选择修建地铁所需要的道路与桥梁工程专业，选择这个专业等于进入了一个优质的行业，行业快速发展带来的利益和工作机会都相对更好。修建一公里地铁需要十亿元，几乎每个省级城市都在规划和修建地铁，每年的投资额度均在数百亿元以上，而地铁相关的专业在相当多的省份都没有办法开设。如果考生在本科阶段发现对地铁专业完全不感兴趣或者感到厌恶，那么应该积极准备研究生考试，通过研究生转到其他行业。但是对于多数学生来说，厌恶专业或者不感兴趣的人是相对较少的，在以功利主义为主流选择模式的当下，如果有一份高薪、有良好的发展机遇或者轻松的工作机会摆在面前，即使对这份工作不感兴趣，多数人还是会选择接受的。

举两个例子：

对于处在垄断行业的家长而言，尤其是电力行业的家长，在子女选择专业的时候，如果没有特殊的情况，多数家长会坚持让子女选择电力类专业作为填报志愿的首选。因为，放眼中国任何一个大城市或者小县城，电力行业的待遇都是最好的行业之一，电力行业的工作即使不能确定是子女的兴趣爱好，但是电力行业的工作具备几个重要的条件：相对高薪、相对轻松的工作压力、更多的职业发展机会。更为重要的是，电力行业的子女拥有相对更低的电力行业就业门槛。同等条件下，电力行业的子女选择非电力类专业的机会成本更高，因为，学非电专业就直接意味着失去进入电力行业的机会。因此，电力行业的家长在趋利作用的驱使下，更愿意子女选择本行业就业。

有一个学生告诉笔者：陈老师，我想成为一名环境工程师。笔者反问这个学生：你为什么想成为环境工程师？这个学生回答笔者：因为国家目前的环境污染非常严重，水污染、空气污染在全国多数地方都存在，我学习这个专业一定大有用武之地，发展也一定相当有保证，我感觉我对这个专业充满了兴趣。笔者告诉这个学生，环境科学这个专业是研究生态系统的，并非治理环境专业。环境工程专业涉及一些环境评价，事实上，由于 GDP 至上的经济发展模式，环境评价基本沦为一纸空文。就环境治理本身而言，这个过程涉及十分复杂的技术工作，机械工程、化学工程甚至计算机都涉及在环境治理的过程中。而一些听起来跟环境毫不搭边的专业却是真正的环境专业——核工程与核技术。核电造成的环境污染十分有限，替代污染十分严重的火电已成为国家战略。当这个学生和笔者讨论完这个话题以后，他发现自己对环境的兴趣仅仅是看了一两个新闻和电视节目得出的结论。所以，如果在志愿填报期间学生告诉家长自己有非常明确的兴趣爱好，若非有相关行业的专业人士深入和科学的建议，家长必须警惕学生的"兴趣"是否拥有真实的社会需求。本书在后面的章节里还会通过多个案例验证相当多学生的"兴趣"可能并不合理。

综上所述，若非特殊情况，职业和兴趣不能画等号，甚至多数情况下职业和兴趣是毫无关系或者背道而驰的。

三、什么是大学？

教育是政治制度的延伸。与欧美国家不同的是，中国的大学主要由政府出资办学，而欧美国家不仅有公办大学，同时也有私立大学。并且世界上最好的大学往往是私立大学，如哈佛大学、耶鲁大学、普林斯顿大学、麻省理工学院、斯坦福大学等。

新中国成立以后，中国大学的本科教育体制模仿苏联的大学教育体系，目的是培养拥有专门技能的"行业干部"。而专科教育体系多源自于中等职业教育体系，目的是培养具有实际操作技能的"行业工人"。由前文所述，1999年扩招以前，能够考上大学的人口比例仅占6%，所以扩招之前的专科以上毕业的大学生均成了各个行业的"干部"构成来源。追溯更早的"文革"期间，中国的大学停办了所有的文科专业，仅招收工科专业，大学成为行业技术干部培养最重要的渠道。简而言之，中国大学教育的基本特点是：与计划经济体制相连，对教育实行高度统一集中的计划管理；教育的重心放在与经济建设直接相关的高等教育，尤其是工程和科学技术教育上；教育计划与国民经济建设计划紧密相连，按产业部门、行业甚至按产品设立学院、系科和专业（如拖拉机学院、坦克系等等），确定招生和学生分配；对高等教育实行垄断，学生全部免费。总之，这是一种与计划经济、产品经济体制高度契合的、与动员型社会同构的教育制度。它可以集中国家资源，迅速培养大批高度专门化、专业狭窄的"现成专家干部"。

由于计划经济体制的历史原因，中国所有的优秀公立大学几乎都拥有相当深厚的行业背景，毫不夸张地说，行业部门办大学成为中国高等教育的一个鲜明特色。这个特色对于家长的启示是，选择行业大学的王牌专业是进入某个行业工作的最佳捷径。例如：原隶属于央行的湖南大学财经类专业，可以视为银行业的技术干部培养基地；原隶属于交通部的武汉理工大学的交通类专业，可视为高速公路建设行业的工程师培养基地；现直属于教育部的六所重点师范大学的师范类专业，可视为重点中学骨干教师的培养基地；原隶属于铁道部的兰州交通大学的土木类专业，可视为地铁行业核心工程师的培养基地。

1999 年的大学扩招政策全面实施以后，大学改革进入了一个分水岭，国家对于高等教育的发展陷于市场经济与垄断计划之间的尴尬局面。一方面允许民间资本办大学，并且给予这些民办院校本科招生的权利，另一方面全面放开公办大学的扩招权限。民办高校均由产业资本投资，其目的主要是盈利，三本院校的学费平均每生每年达 15000 元。而公办高等院校的主要办学、科研经费来源于政府拨款，虽然公办院校学费便宜，但是公办院校的评价机制仍然局限于政府的管理权限。上述历史条件是造成目前高校专业结构设置与市场需求失衡的主要原因。核心的矛盾在于大学大量扩招原非自己擅长的专业，如英语、法学、计算机、信息、管理学、经济学等几乎可以在每一个本科院校找到对应开设的专业。学生进入这些"扩招"专业后往往会为自己将来的就业带来十分巨大的压力。

由于政府是大学的投资人，因此，大学的主要评价方式模仿于地方政府的GDP 考核制度，甚至从这个角度来说，中国的公办大学很像政府的职能组成部门。既然有明确的"GDP"评价考核制度，那么量化指标也就成了高校教师的主要衡量标准。这样的评价体系出现的问题是——相当比例的大学教师的主要工作精力不在培养学生的专业能力，而把工作重心放在了发表论文。因此，教学方式落后陈旧、教学内容脱离于市场需求、开设专业凭空想象等等都是目前大学存在的普遍问题。

专业不怕开设得水，也不怕开设得多，更不怕教育质量没有保证，最怕的是绝大多数院校不允许学生自由转专业。

原因很简单，好专业少，差专业多。最近传出南华大学土木工程大类专业大二分专业时靠抓阄确定，只有排名在 190 名以前的学生可以不用抓阄。抓阄来定一个学生的职业规划显然太不科学和无奈，可是在目前中国的高校计划招生制度下，如果在进校前志愿没有填报好，那么很可能命运只能交给抓阄来确定。

因此，对于家长来说，深刻认识目前中国大学的现状有利于明确填报志愿的目的，尤其是改变家长和学生对于大学名字和专业名字的偏好。在分数差不多的条件下，同样都是交通类高校，可能就业行业方向完全不一样，华东交通大学是铁道部下属高校，土木类专业的毕业生主要在高铁与地铁建设行业就业；重庆交通大学是交通部下属的高校，土木类的毕业生主要在公路建设与房地产行业就业。同理，金融学、金融工程两个专业名字听来不同，但其实专业就业面并没有什么不同。会计学、会计学双语实验班、会计学（ACCA 国际注册会计师）也并没有多巨大的差别，核心还在高校的行业背景。例如，上海财经大学是财政部下属的高校，西南财经大学是人民银行下属的高校，因此，上海财经大学的毕业生更多是进入审计部门、会计师事务所工作，西南财经大学的毕业生更多的是进入银行工作，两个行业的工作内容、发展方向完全不同。虽然都是财经类院校，但是由于高校的行业背景迥异，毕业生的发展机会和就业路径都有巨大的差异。因此，了解不同行业的现状，结合自我定位、家庭行业背景，根据合适的分数确定对应的行业高校的王牌专业，是考生和家长填报志愿最好的捷径。

四、如何抉择职业与行业？

1. 什么是职业？

所有的职业可以分为三类：技术工程师、销售员、管理人员。

在任何行业，几乎都存在这三类职业。简单来说，任何一个单位和组织都需要有懂技术的专业人员，行业之间的门槛由技术工程师打造。任何一个组织也需要销售员把本单位提供的服务推销或者介绍给有使用需求的客户或者服务的对象。两者的区别在于，技术工程师完成具体产品的工作实施，销售员负责向服务对象解释和推销本单位的产品。管理人员一般由拥有丰富经验的技术工程师或者拥有良好业绩的销售员升职而来。

本书前文明确谈到目前各行业几乎都存在大学生饱和的现象，因此，若非各行业必需的专业技术人才，一般很难进入效益较好的行业。换句话说，如果专业不对口，若非国内顶级高校的毕业生，基本上很难进入好的行业。

对于考生填报志愿来说，选择技术门槛更高的专业有利于就业。即使学生对技术工作不感兴趣，喜欢从事管理和销售的工作，但笔者仍然建议选择技术门槛较高的专业。举一个笔者曾经指导过的案例，习小军的父母都是普通的公务员，他的成绩高于重点线60分，而且他的性格活泼、组织能力很强，还是省级优秀学生干部、"三好学生"。习小军填报志愿的时候提出了两个原则：第一，他想做生意、发大财；第二，报考的专业最好能够出国。按照这个专业选择的思路，习小军初步选定了工商管理专业作为考虑对象。笔者了解了情况之后，极力反对习小军选择工商管理专业。理由是，工商管理专业开设极为泛滥，习小军的成绩只能上一些普通工科"985"院校的工商管理专业，这些院校的工商管理专业是扩招以后开设的，从这些扩招专业毕业必然面临巨大的就业压力。另外，习小军学习工商管理专业出国也极有难度，国内普通院校的工商管理很难与国外的商科硕士专业对接。更为重要的是，习小军的父母只是普通的公务员，根本无法为习小军提供做生意的资本和资源，选择工商管理专业基本等于进入就业市场的红海。再者，对于几乎没有创业经历、只有核心论文发表能力的经济学、管理学高校教师来说，他们能干的事情最多就是做一些商业成功案例的理论总结和行业经济模型推演，因此，国内高校的工商管理本科专业多数不具备培养职业经理人的能力。最后，笔者为习小军选择的大学是吉林大学，专业是地质学。理由是，在中国做生意或者创业，如果没有良好的人脉资源和父母的资本积累支持，对多数人来说成功是很难的，况且真正的创业必须在市场中摸索和历练，每个成功的生意人和企业家都有别人不可复制的经历，所以对于考生和家长而言，不要期待国内高校的任何专业可以培养职业经理人和创业家。习小军选择吉林大学地质学专业有两个好处：其一，吉林大学地质学专业有相当多的机会进入石油行业为代表的资源行业工作。作为一个没有行业背景的普通家庭学生，如果想创业，首先必须选择一个行业，进入行业的条件就是一个行业院校的王牌专业。显然，吉林大学的地质学专业全国排名前五，为习小军提供了进入资源行业的敲门砖。进入了行业以后，习小军需要积累行业人脉与工作经验，为自己将来的创业打下良好的基础。其二，吉林大学的地质学专业在本校也是四大王牌专业之一，作为"985"院校王牌专业的学生，习小军出国交流学习、读硕士的机会一大把。综上所述，吉林大学的地质学专业既满足了习小军创业的需求，也满足了习小军出国读书的可能。最重要的是，这个选择一点都没有浪费习小军的分数。最终习小军欣然接受笔者的建议，选择了吉林大学地质学专业，并如愿被录取。

如果按照习小军最初的职业倾向——成为一名创业家或者职业经理人，简单的对应思维——应该填报一些"985"院校的工商管理或者市场营销专业，习小军不但会失去进入资源行业的机会，同时还会面临巨大的就业压力。最大的风险在于，多数院校工商管理专业的毕业生只能选择体制外的行业工作，从而失去进入体制内优质行业工作的机会。

选择体制内行业？还是体制外行业？这是目前志愿填报隐藏的一个重大抉择。

2. 什么是行业？

"男怕入错行，女怕嫁错郎"，对于家长来说，这句话非常非常重要。

一个能给大多数从业的普通人提供薪酬不低、充足就业机会的行业，才是值得在本科阶段选择的行业，而不是需要他们一路读到名校博士学位才能在行业有立足之地，若如此，这样的行业显然不值得在本科阶段选择。因此，抉择行业包括两个重要考虑因素：一是行业进入门槛（竞争压力、培养是否过剩），二是行业平均薪酬同职业收入差距。

600分的三个学生，分数一样，选择的行业不一样，发展的路径完全不一样。作为考生来说，600分可以选择材料科学与工程，也可以选择石油工程，还可以选择金融学。非常明显的是，学金融学的几乎没有可能进入石油公司工作，学材料的也基本没有可能进入银行工作，学石油的更不可能进入钢铁行业工作。

因此，对于考生来说，填报志愿就是选择行业，行业的抉择是一件极其重大的事情。

表3　中国500强企业最赚钱的10家公司（单位：百万人民币）

公　司	销售收入	利　润	地　域	利润率
中国工商银行股份有限公司	589637	262649	北京市	44.54%
中国建设银行股份有限公司	508608	214657	北京市	42.20%
中国农业银行股份有限公司	462625	166315	北京市	35.95%
中国银行股份有限公司	407508	156911	北京市	38.51%
中国石油天然气股份有限公司	2258124	129577	北京市	5.74%
中国移动有限公司	630177	121692	香　港	19.31%
中国石油化工股份有限公司	2880311	67179	北京市	2.33%
交通银行股份有限公司	164435	62295	上海市	37.88%
中国海洋石油有限公司	285857	56461	香　港	19.75%
招商银行股份有限公司	132604	51743	深圳市	39.02%

表4　中国500强企业最亏钱的10家公司（单位：百万人民币）

公　司	销售收入	利　润	地　域	利润率
大同煤业股份有限公司	10844	−1401	大同市	−12.92%
中国石化仪征化纤股份有限公司	17677	−1454	仪征市	−8.23%
云南铜业股份有限公司	50100	−1496	昆明市	−2.99%
英利绿色能源控股有限公司	13418	−1944	保定市	−14.49%
中国大冶有色金属矿业有限公司	43598	−1949	香　港	−4.47%
中海发展股份有限公司	11392	−2298	上海市	−20.17%
酒钢集团宏兴钢铁股份有限公司	94570	−2338	嘉峪关市	−2.47%
京东商城电子商务有限公司	69340	−2485	北京市	−3.58%
重庆钢铁股份有限公司	17563	−2499	重庆市	−14.23%
中海集装箱运输股份有限公司	34341	−2646	上海市	−7.71%

数据来源：搜狐网2014年中国500强企业专题。

从表 3 中最赚钱的 10 家企业来看，10 家企业有 6 家是金融企业，有 3 家是石油企业，最后 1 家是通信运营商。从表 4 中最不赚钱的企业中来看，10 家中有 4 家钢铁及冶金企业、2 家煤炭企业、1 家光伏发电企业、1 家互联网企业、1 家化工企业、1 家海洋运输企业。

从上面的数据简单分析来看，金融行业和石油行业的日子很好过，钢铁行业日子不好过。因此，600 分的学生显然有机会进入人均创造 67 万元利润的银行行业工作，年薪 10 万元不是太大问题。选择石油专业的学生情况也会比较好——中国石油人均年薪 13.48 万元。而选择了材料专业的学生可能就会面临选择月薪 3000 元或者 4000 元的钢铁行业或者有色金属冶炼行业工作。因此，根据行业抉择的两个要素具体分析来看：金融行业门槛过高——名校硕士学历，但是收入非常丰厚；钢铁行业门槛低——对口专业即可，但是收入水平非常低；石油行业门槛低——对口专业即可，收入可观。

除此之外，从三大行业的销售额、利润额的比较中我们可以很清晰地看到目前国内行业的分级：金融业依托国家保护政策，并充分享受着计算机与互联网技术带来的金融低成本，因此，金融行业处于社会的顶端；石油行业不但在国家对油价的保护政策下依赖于垄断，并且相当低成本地开发国内的油气资源，石油行业处于社会的上层；而钢铁行业是典型的制造业代表，不但严重产能过剩，更为重要的是中国并没有多少铁矿石，严重依赖于国际铁矿石的进口，在对钢铁冶炼没有定价权且产能严重过剩的大环境下，钢铁行业处于社会的底层。

在当今的中国，体制内的行业可以作如下分类：

国家级垄断行业：金融、石油、铁道、高速公路建设、通信、电网、发电。

地方垄断行业：资源开发、民航、公立医院、电气设备制造。

制造行业：汽车、化工、金属冶炼、家用电器制造。

体制外的行业大致可以分为：

地产、电气与通信设备制造、小商品制造、轻化工制造、互联网、法律服务、普通商业服务。

一句话来总结体制内行业的关系，中央依赖金融行业对经济进行调控（也就是印钞票），地方发展依赖于房地产、交通和资源（也就是招拍挂卖地、免费挖矿、找银行借钱修路和收高速公路过路费）。

体制内处于顶端的国家级垄断行业最为重要的核心领域是金融，石油、铁道、基建、通信、电力行业均依赖于国家财政的支持与金融的投资。在改革开放初期，石油部门的大型勘探、钻探设备，铁道设施的建设，基建所需大型重型机械，电力发电设备、电网电缆与变压器等等几乎都离不开国家金融的贷款和投资。像三峡集团的投资几乎全部来源于国家财政支持与国家金融贷款，三峡大坝修建好以后，在归还完借款与贷款后，剩下每年累计的利润几乎就归垄断企业自己所有。与此类似的行业还有基建行业，高速公路集团修建好了高速公路以后，除去还贷款的过路费，剩余年限收取的过路费要么作为公司收益，要么由省级地方财政统收统还，过路费所得资金继续支持其他高速公路的养护和还贷。而其他顶端的垄断行业集中在能源行业、交通行业。对于这两个行业而言，它们都有一个共同的特征——不论是社会的高端人士还是社会的底层，都必须要消费能源和交通。对于考生来说，选择垄断行业最大的好处在于——行业内的技术工程师相对来说收入比较平均、差距不是太大，收入水平基本上都处于社会上层。

为什么金融行业能挣大钱？垄断行业的大型项目资金几乎都来自于银行贷款，比如，高速公路的过路费看似由高速公路收取，其实过路费多数被用于偿还银行贷款的本金和利息；石油公司躺在银行睡大觉的现金被银行合法地用于回报合理的项目贷款。

表5　世界500强企业前20名排名统计

排　名	公司名字	销售额（百万美元）	利润（百万美元）	国　别
1	沃尔玛	485651	16363	美国
3	中国石油化工集团公司	446811	5177	中国
2	荷兰皇家壳牌石油公司	431344	14874	荷兰
4	中国石油天然气集团公司	428620	16359.50	中国
5	埃克森美孚	382597	32520	美国
6	英国石油公司	358678	3780	英国
7	中国国家电网公司	339426.50	9796.20	中国
8	大众公司	268566.60	14571.90	德国
9	丰田汽车公司	247702.90	19766.90	日本
10	嘉能可	221073	2308	瑞士
11	道达尔公司	212018	4244	法国
12	雪佛龙	203784	19241	美国
13	三星电子	195845.30	21922.70	韩国
14	伯克希尔－哈撒韦公司	194673	19872	美国
15	苹果公司	182795	39510	美国

续 表

排 名	公司名字	销售额（百万美元）	利润（百万美元）	国 别
16	麦克森公司	181241	1476	美国
17	戴姆勒股份公司	172279.10	9235.30	德国
18	中国工商银行	163174.90	44763.90	中国
19	EXOR 集团	162163	428.5	意大利
20	安盛	161173.40	6664.50	法国

数据来源：财富中文网 2015 年财富世界 500 强排行榜。

从上表中世界 500 强的排名也能非常清晰地看到，中国最强势的公司还在垄断行业——中国石油化工集团公司、中国石油天然气集团公司、中国国家电网公司、中国工商银行。而其他国家都有比较强势的制造业，综合国力排行前 20 的国家几乎都拥有强势的制造业——美国苹果手机、德国奥迪汽车、日本雷克萨斯汽车、韩国三星手机、意大利法拉利汽车。

对考生而言，垄断企业一般均有比较高的专业技术门槛，选择垄断行业所需要的技术型专业是一种进入垄断行业工作的捷径。而更为重点的是，垄断行业几乎都拥有自己办的大学，也就是上文提到的行业大学。例如，邮电行业的院校——北京邮电大学、南京邮电大学、重庆邮电大学、西安邮电大学。上述院校的通信工程专业的毕业生多数都有大把进入通信垄断企业的机会，并且这些垄断企业给予行业内相关专业毕业生的就业、发展机会远远多于非行业大学相关专业的毕业生。例如，北京邮电大学的毕业生在移动、联通、电信公司升职的概率远远高于其他重点大学甚至于名校的毕业生，因为三大运营商的中高管多数都毕业于"邮电行业的黄埔军校"——北邮，因此校友行业资源也是填报志愿必须考虑的一大重要因素。这些通信院校的王牌专业毕业生还可以选择华为、中兴这一类世界顶级的通信设备供应商，这些公司也能够为顶级工程师提供上百万的年薪。

而一些处于非垄断行业的国有企业甚至是中央企业，这些企业的日子相对来说就比较不好过。例如，汽车行业、钢铁行业，目前来看以汽车为代表的多数制造行业均出现了产能过剩的情况。产能过剩意味着不但行业平均收入面临下降的趋势，同时招收大学毕业生的人数也会大大下降。更为重要的是，产能过剩及非垄断制造行业能够为其技术工程师提供的薪资多数仅为社会平均数。从这个角度来说，汽车、材料、化工方面专业的毕业生，虽然很容易找一份工作，但是发展机遇、待遇水平与垄断行业比较起来在相当长的时间内还会存在非常大的差距。如果因为兴趣爱好选择这些行业，那么名校王牌专业的硕士或者博士学历才是最有用的行业杀手锏。例如，虽然化工行业就业质量情况非常一般（就业、收入偏低），但是北京化工大学、四川大学、华东理工大学、天津大学这些化工名校的化学类专业毕业生仍然有比较好的发展前景，收入水平虽然不及地产、金融行业，但是收入与工作付出相对合理，处于社会中上水平（年收入 10 万元左右）。

对于体制外的民营企业来说，地产行业独居鳌头。根据 2014 年民营企业500 强榜单统计，地产公司销售额上榜仅 32 家，但是利润相当于其他 468 家民营企业所有利润的总和。最为悲摧的是：对于多数中小型民营企业来说——他们的主业几乎都是制造业，而制造业目前又有一个共同的特点——利润率偏低。一旦利润率偏低，对于民营企业从事技术工作的工程师来说，薪资就相对比较低了。只有在一些围绕着垄断行业从事设备制造供应的行业来说，民营企业的技术工程师拥有相对比较好的薪资待遇——如通信设备制造商、石油设备制造商。唯一比较特殊的是互联网行业，在这个行业，民营企业占绝对优势，但技术门槛比较高。可惜的是，中国的高校几乎没有能力培养互联网方面的人才，多数互联网的高级工程师都有一个共同的特点——自学成才。互联网与通信行业都有一个共同的特点：技术更新十分迅速。大多数高校老师上课的内容几乎很难跟上新技术发展的要求，所以很难对这个专业展开深层次的教学和培养。换位思考，如果一个高校教师拥有去阿里巴巴、腾讯、百度这些大公司拿上百万年薪的技能，那么这样的教师可能很难留在高校拿着年薪 10 万元的铁饭碗，因此在高校从事软件、通信方面教学的教师只能算行业的二流甚至三流人才。而土木工程、会计学、电气工程等专业所涉及的知识已经几十年没有大的更新，1950 年的土木工程师和 2016 年的土木工程师所应用的知识并没有太多区别，一些具有悠久土木建筑行业教学历史的行业内高校就拥有相对良好的教学资源。例如，"建筑老八校"——清华大学、同济大学、天津大学、东南大学、哈尔滨工业大学、重庆大学、华南理工大学、西安建筑科技大学，这些建筑高校的毕业生几乎占据了国内所有建筑设计院的管理层职位。

还有一个比较特殊的职业是 IT 工程师，可翻译为电子信息与软件工程师，这个职业横跨几个行业，不但互联网行业需要，并且在通信行业也是必备的，同时还拥有在金融、电力等行业的工作机会。这个职业类似于会计学专业，几乎每个行业都需要财务人员，但是相关专业的人才培养严重过剩，并且低层次的人才与高层次的人才收入差距巨大。例如，一个阿里巴巴的资深软件工程师可能年薪百万，而一个普通的公司网站设计员年收入只有 4 万~5 万元；一个普通的会计代账公司的小会计年收入只有 3 万~4 万元，而会计师事务所的高级注册会计师年收入也能达百万。那么像计算机、通信、会计、财务这类专业都有一些共性——就业门槛低、相关专业培养量过剩、高水平人才收入高、低水平人员收入低。

在本书的后文中，笔者将通过真实案例向读者深度解读各个行业的发展规律与人才需求情况。另外，笔者也希望通过对各个核心职业的细致分析，帮助高中生在面临行业选择的时候，做出正确的选择和规划。例如，对于一般家庭成绩优秀的学生填报志愿来说，面对几个热门的行业如何做出合理的选择——成为高大上的建筑设计师？还是成为听起来好玩的游戏程序设计师？或者成为一名优秀的外科医生？还是成为一名注册会计师？这些职业的收入水平如何？工作内容和工作方式是否适合自己？结合家庭背景来说哪些行业是更合理的选择？如果我有了好的行业规划，结合高考成绩我如何做出合理的专业选择与高校选择？等等这些问题，都能在本书找到答案。

1 金融行业

【高考志愿填报档案】

主人公：曾小双　　　　　　　高考时间：2002 年
就读专业：金融学　　　　　　就读院校：某著名财经高校
高考分数：635 分

曾小双从小到大都是那种家长口中"别人家的孩子"，读小学的时候任班长、少先队大队长——一所学校仅有的一个"三道杠"，成绩无论小学、初中、高中都是年级名列前茅，能歌善舞，还是学校的广播站站长兼播音员，十分优秀。时代变了，现在这样优秀的女生的名头也变了，叫做"女神"或者"御姐"。曾小双被录取的学校可以说在金融界和教育界都赫赫有名，并且被录取的专业也是最火热的金融学专业。

可以说曾小双的学业生涯规划简直是所有女生的典范。

曾小双大学暑假期间回到老家所在的小县城之后，那就是风云人物，同学会当然以她为中心，所有人都围着她转，男同学们自然悉心听从"女神"兼"御姐"的教导。"女神"在读大学期间是这么描述她的未来的：我们专业出来找工作基本在外企会计师事务所，比如德勤啊、普华永道之类的，本科毕业年薪起薪应该在 12 万元左右，以后每年按照 50% 左右的比例增长，大概工作 5 年到 10 年，有可能成为会计师事务所的合伙人，年收入就是以百万计了，一年几百万应该没问题。像什么 LV 啊、GUCCI 啊、HERMES 啊之类的都是我们的职业装备、必备套装，一个月买几个 LV 根本就是小 CASE，我们根本不屑买经典款的 LV 包包，我们只买限量版和纪念版的 LV。

但是有一个小问题，曾小双是从四川的一个小县城普通家庭奋斗出来的普通人，当曾小双毕业的时候，上海的一套 100 平方米的住房已经涨到 150 万以上了，作为一个普通家庭的平民子弟，父母很难为她支付购买住房的首付款。抱着收入会在未来几年内有极大提升空间的想法，曾小双先在"四大会计师事务所"开始工作了。曾小双的计划是：在"四大"工作几年历练资本，为进入金融行业中最神秘的投资银行打下工作基础和积累经验。

曾小双忽略了一件事情，就是"女神"只能当"女神"，"女神"是不能当作畜生用的。因为，在著名的会计师事务所里面工作，一个人是要当三个人用的，男人干的是畜生不如的工作，女人干的是畜生的工作，业务繁忙的时候，每天睡觉加吃饭、休息的时间大概不超过 8 个小时。毫不夸张地说，外资的会计师事务所的工作是有风险的，就是过劳猝死的风险。前不久上海新闻报道：一个女会计师就是死在了工作岗位上，她的遗言是——我好想睡觉。这不是耸人听闻。曾小双发现这其实就是一份辛苦、枯燥、压力巨大的工作：第一，忙的时候需要长期在外地，加班超过晚上 2 点；第二，大多数的工作也就是在对数字和套准则，并不太需要你灵活的头脑，雄辩的口才或者超人的情商，比起这些，一个不睡觉也不会生病的身体更为有用；第三，除了工作压力，学习压力也是巨大的，想要在会计师事务所发展就需要考取注册会计师、CFA 等从业资格证书，因此每天除了上班之外，曾小双还必须晚上熬夜看书考证。

再说具体一点，曾小双在四大会计师事务所做什么呢？根据《公司法》第165 条规定：公司应当在每一会计年度终了时编制财务会计报告，并依法经会计师事务所审计。

首先，对于规模比较大的公司必须要做账，不然是违法的。

其次，每年必须给股东看公司的财务报表，好让股东对公司的资产情况、经营利润和现金流量有基本的了解。

最后，因为股东怕公司财务做假账，所以需要第三方审计人员对财务报表进行审计。

审计就是股东叫来第三方对财务报表发表意见。

到底审什么，那么作为第三方审计公司员工的曾小双的任务就是审查财务报表。因为是"每年都来"，所以必然是年报，除了年报之外，还有尽调税务等其他服务。总而言之，曾小双必须努力确保财务报表上面的每一个数字都是有合理依据的，然后根据要求对附注进行适当的披露并发表恰当的审计意见。

审计意见一共就五种：

股东："弟兄们，帮我看下公司的财务报表有没有问题？是不是坑我的钱？"

曾小双："大哥，弟兄们查了一个月了，没查出什么大问题，或者查出问题他们都马上改了，我们觉得现在这报表已经没问题了。"——这是无保留意见报告，也叫标准报告。曾小双："大哥，弟兄们没查出什么问题，但是公司管理层已经连续亏损五年了啊，大哥明鉴啊。"——这是带强调事项段的无保留意见报告，哪些事情可以写上强调事项段有严格要求，一般是亏损，或有事项、对可持续经营产生重大疑虑的事项。曾小双："大哥，弟兄们查了，其他地方都没有问题，就是去年收入明明只有三个亿，他非要写五个亿，然后影响了利润和资产。"——这个就叫保留意见报告。曾小双："大哥，这公司的报表全都有问题，没法看啊。"——这个就叫否定意见报告。曾小双："大哥，公司管理层不让我查，弟兄们被保安打得好惨啊！"——这个就叫无法表示意见报告。

最关键的是，曾小双发现自己的收入增长速度远赶不上房价上涨的速度，就算收入够得上买房了，最后的结果可能是成为一个每天累得半死的房奴。

因此，曾小双在会计师事务所工作了大概半年以后，决心不再在这种"变态"的单位当畜生，做出了一个决定——辞职。辞职以后，曾小双回到了成都工作，作为西部一线城市来说，房价还不算太贵。虽然收入比不上沿海一线城市，但是与痛苦的房奴生活比较起来，成都这种休闲的生活方式是曾小双自己想要的。目前曾小双在成都一家外企（制药企业）财务部门工作，年收入 10 万元左右，应该说工作的辛苦程度与收入的性价比还是比较合理的。作为外企来说，工作的压力相对于国企还是比较大的，用通俗的语言来说，就是一个人干三个人的活，拿两个人的工资。

【案例启示】

曾小双是全方位发展、非常优秀的女生，虽然毕业于国内著名的顶级财经类院校，但是最后却与金融行业失之交臂，原因在于曾小双对于会计师事务所的工作内容和强度不为了解，并且曾小双对于生活方式的向往与行业的实际要求差距较大。另外，作为一个普通家庭出身的女生很难靠自己或者家庭买得起一线发达城市的住房，这也是迫使曾小双离开一线城市金融行业的一个重要原因。曾小双的例子对于成绩优异的考生来说是一个非常好的启示。曾小双犯下的错误是——填报志愿的时候过度追求热门的行业、热门的专业、热门的高校，但是并未考虑热门的行业和专业是否适合自己，热门的行业代表的生活方式是否适合自己。用曾小双自己的话说，对于金融行业的向往，想象中的金融人士应该是工作在一线发达城市最繁华的金融中心，每天穿着奢侈品，动辄讨论上亿资金的使用问题。但是最后发现自己的工作不过是一个金融民工，每天在枯燥的数字中找问题、套准则，而自己的身体耐受程度远远不及劳动强度，收入的上涨也跟不上房价的上涨，出于对金融民工生活方式的厌恶，最后不得不离开沿海一线城市的金融行业，回到西部的一线城市从事一份相对合理的外企工作。

【高考志愿填报档案】

主人公：蔡　妮　　　　　　　高考时间：1999 年
就读专业：金融学　　　　　　就读院校：北京某名校
高考分数：650 分

　　蔡妮毕业于国内名校，本科专业为金融学，凭着过硬的考试本领，蔡妮在大学期间通过了国际注册会计师考试，并且在毕业后立即通过了司法考试，成为一名准律师。虽然不能立即成为一名注册会计师，但是蔡妮凭借着名校的文凭、司法考试通过证、国际会计师（ACCA）考试通过证等有含金量的证书，在北京找到了一份著名律师事务所的工作。对于本科阶段的考试本领来说，尤其是涉及金融、法律方面的证书、执业资格考试，超强的记忆能力是必须的基本条件。怎么描述这个超强的记忆能力呢，用蔡妮的话说，过目十天不忘是最基本的要求，如果这个要求不具备，期望在本科阶段通过类似于国际注册会计师（ACCA）、司法考试、特许金融分析师（CFA）等有含金量的考试为自己找工作提供有效砝码的可能性是比较低的。蔡妮是属于那种过目不忘、考试能力极强、善于人际交往、口才表达优秀的女强人，因此，顺利找到了一份在大律所的工作。蔡妮给自己的规划是，律所工作两年以后进入投资银行。蔡妮确如自己规划的这条路，2005年夏蔡妮如愿进入国内最神秘的投资银行工作，就职于北京某知名证券公司投资银行部，从实习生一直升职到银行质量控制部门主管。

　　蔡妮在证券公司的工作岗位分别为项目执行专员、尽职调查专员、质量控制部经理、证券公司保荐人。

　　投资银行的工作说起来非常神秘，号称年薪百万的工作，对于非常多的名校大学生都有极强的吸引力，是国内为数不多凭借专业能力和工作经验能够获得百万高新的工作。尤其是在一个很多人痴迷通过考试改变人生命运的国家，证券公司保荐人的资格考试几乎是国内唯一价值年薪百万的考试。能够通过该考试并且获得保荐人资格的人几乎都有相同的学习履历——国内一流名校毕业、证券公司工作经历、注册会计师证书、司法考试通过证书。根据中国证券业协会统计，全国目前注册保荐代表人数量共有5160人。具体来说，拥有保荐人资格的人年薪约为200万元，主要工作是为新上市公司提供金融服务。值得注意的是，普通人是不能够报名参加保荐人资格考试的，只有在证券公司从事证券承销相关工作的人才拥有考试的机会。

　　蔡妮的具体工作是做什么呢？刚刚进入证券公司工作的时候，蔡妮主要的工作是了解证券公司，为有可能在中国主板A股上市的公司提供金融服务的全部流程，例如，拜访有可能上市的公司客户、了解公司上市的工作流程、参加撰写公司上市的招股说明书等等。说到底，一句话——蔡妮的工作主要是帮助还未在国内主板A股上市的企业提供上市所需要的一系列材料和上市前的证监会资格审查，最终实现帮助企业实现IPO（首次公开募股：一家企业或股份有限公司第一次将它的股份向公众出售）。一旦某家企业IPO成功，不但能让这家企业的老板或者股东成为亿万富豪（中国平均每家上市公司市值150亿元），并且新公司上市还能为证券公司提供极为丰厚的承销费用——2015年平均每个上市公司的承销费用约为3000万元，也就是说，只要蔡妮所在证券公司项目团队能够让一家企业成功上市，那么这个团队将获得500万元以上的上市薪酬激励或者奖金。上述数据表明，蔡妮的年薪高达200万元。事实上，一个大证券公司的投资银行部的资深保荐人的年薪至少200万元以上。这就是为什么证券公司保荐人资格是中国最有含金量的证书的原因。

假设一个学生从小学开始一直考第一，通过高考进入中国最顶尖的名校，毕业之后进入证券公司投资银行部工作，并考取上市公司保荐人资格，这可能就是目前中国通过考试能够获得百万年薪最快的通道。

可能看到这里，很多人已经在感叹那句古话了——"书中自有黄金屋"，换句话说，在今天的环境下，某种程度上应该叫作"考试自有黄金屋"。蔡妮的考试能力是一方面，另外一方面，证券公司并非只要死读书的书呆子，尤其是投资银行部的项目专员不仅要有名校的学历，还需要极强的综合能力（撰写材料、尽职调查、处理客户关系）。蔡妮刚刚进入证券公司投资银行部工作的时候，误认为投行的工作就是在金融中心工作，出差头等舱、住宿五星级酒店。进入之后才发现，长期到中小城市出差是家常便饭，因为符合上市条件的公司遍布中国各个城市，尤其是一些二线、三线城市，在这些中小城市住五星级酒店是没有太大可能了，很多准备上市的公司尤其是民营企业为了压缩上市的成本，为证券公司项目组专员提供的住宿很有可能只是一家商务小旅馆。而且对于一些中小券商的投行部来说，五六家证券公司竞争一家企业的IPO服务合同是家常便饭，工作压力可想而知。

一旦获得了企业的IPO服务合同以后，蔡妮的工作将变得更有挑战性。第一，蔡妮要充分了解企业所在行业的发展前景；第二，蔡妮需要了解企业的实际经营状况；第三，蔡妮需要按照证监会对于企业主板上市的条件对企业的管理、技术、财务、战略提出有针对性的发展建议，包括企业财务报表的调整、企业股份的重组、企业管理制度的重构等等；最后就是完成企业招股说明书的撰写，说明企业为什么要进行社会公开募集资金，说明资金用途，描述企业发展愿景。从这些工作内容来说，在投行工作的人就不能只有书本的考试能力了，超强的跨学科学习能力、逻辑思维能力、数字分析能力也是必备的基本素质，因为只有做好一份合格的企业尽职调查才能够为公众发行股票提供合理的基本说明材料。因此，蔡妮的所有工作都是围绕着帮助企业提供符合证监会要求的IPO申请材料，最终通过证监会审核，实现企业IPO上市募集资金，最终让企业股东成为数字上的亿万富翁，并且让自己获得丰厚的企业IPO成功奖金。

蔡妮是一个耐受力、综合素质极高的人，并且非常勤奋，自觉加班是常事。后来，蔡妮对于国内 IPO 的程序感到厌烦。2013 年辞去了国内投行的工作，目前攻读哈佛大学的 MBA，准备毕业以后到美国的投行工作。对于美国公司的 IPO 而言，与中国大大不同，中国公司一旦通过证监会的审核，就等于造就了一批亿万富豪和一家公众公司，因为证监会上市核准通过，这家公司的老板就只等着资金到公司账上了，这称之为证券发行核准制，是以中国证监会的规则为主导。而美国的 IPO 是注册制，任何企业都可以通过美国的投资银行承销股票，但是股票是否卖得出去就不一定了，这就对公司的实际经营情况、发展前景披露有着更为现实的要求，所以美国投行的人需要掌握更多的数学、财务、会计推演模型，美国投行人最主要的工作内容就是根据企业财务报表以及行业发展情况推算一家公司的市场价值。例如，特斯拉价值 300 亿美金，苹果价值 7000 亿美金，脸书价值 2000 亿美金，而这就是美国商学院 MBA 最主要教授的内容。反观中国的投行人更多的需要掌握证监会的 IPO 规则要求与财务会计规范模型。中国上市公司要求上市前三年必须平均每年 1000 万元利润的最低要求，那么上市公司的近三年财务报表必须按照证监会的基本要求制作。因此，中国投行对于企业的 IPO 更像是包装一家公司，按照包装论价，而美国投行对于企业的 IPO 却像是贩卖一家公司，按照市场的规律讨价还价、合理估算公司市场价值。

对于蔡妮来说，辞职原因主要在于对中国公司上市制度的厌倦，她更希望尝试挑战性更强的 IPO 工作，于是准备通过读美国的 MBA 转战于美国华尔街。蔡妮认为，了解某一个行业的发展、公司的发展与核心竞争力，比包装一家公司更有挑战性和工作乐趣。

【案例启示】

蔡妮毕业于中国最顶尖的名校，并且不属于死读书得高分的学生，学习能力、考试能力、沟通协调能力都出类拔萃，因此，蔡妮获得了现实丰厚的回报，这是一个现实版的读书成就人生。至于蔡妮的本科金融学专业并不是其成功的主要因素。如果有能力进入中国最顶尖的高校学习，那么这些考生的学习能力、考试能力应该和蔡妮是属于同一个水平，本科所学专业对于这些考生而言已经不是一个问题，考过一些含金量高的证书也应该不在话下，对于这些考生更重要的，是在大学的学习过程中积极锻炼自己的综合能力，参加社团、组织活动、阅读不同学科的经典书籍等等，这样更能培养宽阔的眼界和实际的动手能力。当然，蔡妮也有痛苦的地方，由于工作压力过大，私人时间非常少，蔡妮毕业之后并没有时间谈对象。因此，百万年薪的工作并不是那么轻松的一件事情，尤其是在投资银行这个领域，投行人士的婚恋大事始终是一个棘手的问题。从某个角度来说，投行人士的高薪酬是以牺牲个人的健康、时间和空间为代价的。

【高考志愿填报档案】

主人公：张　涛	高考时间：2002 年
就读专业：金融学	就读院校：武汉某普通重点大学
高考分数：520 分	

张涛在高二那一年就明确了大学专业方向——金融行业，理由是他经常看他爸炒股，因为张涛认为炒股非常有意思，摆弄几下鼠标、分析一下电脑屏幕上的 K 线图就可以做个股分析，做得好还能挣不少钱，这就是一个普通家庭中学生对于金融的理解。于是，张涛想当然地认为中国高校的金融学专业必然会教怎么炒股，金融专业就是一个培养炒股人才的专业，如果还能学一点其他金融类的知识当然更好。

抱着一颗天真无邪炒股的心，张涛开始填报志愿了。张涛的分数低于重点线 20 分，按照金融学专业的搜索方式，张涛很快锁定了南京财经大学的金融学作为填报对象，理由也很简单——财经大学肯定比一般的大学更有培养金融学专业的能力。不幸的是，张涛第一志愿落榜了，因为 2002 年南京财经大学刚刚由南京经济学院更名，这个更名直接将录取线拉高了 50 分。运气还不错的是，张涛被第二志愿录取，即中南民族大学，录取的专业满足了张涛的要求——金融工程。填报志愿的时候，张涛只关注了第一志愿，剩下的志愿均由父亲帮助填报，因此，张涛对中南民族大学并不了解，一听"民族"两个字，张涛已经在朋友圈公布要复读的消息了。在父亲的催促下，抱着看一看学校到底好不好的态度，张涛忐忑不安地坐上火车去武汉了。

必须要说明的是，张涛考试的省份是四川，中南民族大学虽然在湖北、湖南的招生均为一本，但是中南民族大学在四川却是二本招生，换句话说，中南民族大学在湖北当地属于重点高校，并且属于老牌的重点高校。在外地，由于中南民族大学的名气很少被外人所知，且民族类高校会倾向于招收少数民族较多的省份——如四川、重庆、贵州、云南的考生，并且招生名额并不少，因此导致了中南民族大学在这些省份的录取分数常年徘徊在二本线，第一志愿填报经常不满额。

应该说张涛的父亲充分研究了志愿填报的技巧。2002 年四川执行顺序填报志愿，与目前全国多数地区执行平行志愿政策不同的是：一旦考生一志愿因分数不够作废，考生落榜的概率极高。由于张涛的父亲细致了解了中南民族大学近三年第一志愿均未招收满额，于是决定第二志愿填报中南民大。张涛的运气还不错，2002 年金融学已经是很火的专业，第二志愿能够被热门专业录取，这必须要感谢张涛的父亲充分地分析了录取规则与历年录取数据，使张涛用一个二本分数读了一所外省的重点大学。

张涛到了中南民族大学一看，脸上笑开了花。中南民族大学风景秀丽，位于武汉东湖之畔，最关键的是张涛了解了同宿舍同学的高考成绩以后，就有种像发了大财的感觉——同宿舍的同学平均分数高于 580 分。因为中南民大在湖北、湖南执行一本录取，湖北、湖南的考生竞争压力较大，录取考生的平均分数远超四川等省份的考生。加上专业也满足了张涛的意向，张涛决定不再复读，安心享受二本分数就读重点大学的喜悦。

大学四年，除了谈恋爱、考研究生失败以外，张涛做得最多的一件事情就是炒股。经过了大学的炒股实践，张涛发现了两个问题：第一，金融学专业的老师没有教授怎样炒股，金融学和炒股完全是两码事情；第二，中国股市的金融技术分析没有太多用处，学费是不能够拿来炒股的。刚开始的时候，股市行情不错，用张涛的话说就是"点菜不看菜价"，认为自己是股神。但是作为一个微型股民来说，炒股挣钱的概率非常低，经过一轮股灾之后，除了赔上了过年亲戚给的红包，张涛还赔上学费，这笔损失最终由父亲买单。经过炒股失败的教训，张涛决定放弃进入证券行业的想法。

最终，张涛毕业的时候有两个工作机会，第一个：某国有银行县城支行，第二个：某保险公司省会城市管理培训生。综合考虑两个工作机会，张涛认为县城银行提供的职位还需要在柜台工作两年，也就是常说的柜员，这样的工作一点都不高端大气上档次，再说去县城工作感觉像是被发配边疆，作为一个有理想的准金融行业从业人士，实在不能接受去一个感觉发展有瓶颈的县城当一个小小的柜员。于是作为应届毕业生的张涛选择了保险公司的工作，他认为在省城工作，机会和平台肯定还是比较多的，再说，管理培训生的这个工作听起来显然更上档次一些。半年以后，张涛发现管理培训生的实际名称应该叫作"保险推销员"。经过保险公司人力资源部一阵强力洗脑之后，张涛将自己推销的第一份保险卖给了他的妈妈，半年之后，张涛把所有周围亲戚能够购买保险产品的人都卖上了一份保险。

但是，问题来了，除了自己的亲戚之外，张涛好像没有什么强有力的办法将保险产品推销给其他人。好在张涛的演讲能力不错，工作了一年之后，张涛向公司申请了一份培训师的工作。简单来说，张涛变成了给新进员工洗脑的培训师，一年之前，他还是那个坐在教室中听课的人，一年之后，他却站在了讲台上。培训师的工作张涛干了两年，随后张涛被派往一个偏远的小县城作为保险公司驻当地的负责人。在这个县城张涛工作了三年，最后张涛发现了这个工作的问题——按照公司的考核标准，稍微大意，张涛就可能丢掉这份工作，听起来丰厚的绩效工资回报其实几乎没有可能拿到。简而言之，这是一份月薪3000元左右、随时可能丢掉的"体制外"工作，凭着这份工作的薪资水平，张涛很难在省城买上一套住房，更不用说结婚所需要的高昂费用了，加上被派驻到小县城工作，名义上是分公司负责人，其实收入水平并无实质提升。

这个时候张涛发现，当初毕业的选择是多么的错误，同宿舍的大学同学选择了去国有银行县城支行工作的，由于县城的重点大学生并不多，竞争相对不激烈，已经当上了支行的营业部经理，年收入已经超过20万元。还有另外一个选择去人民银行工作的同学，已经有机会调任某县商业银行的副行长。在国有银行混得最差的同学年薪也已经超过8万元，并且享受许多额外的福利——高缴存的住房公积金、养老保险、个人培训机会。

张涛在保险公司干得心灰意冷，决意辞职，这个时候张涛早已经失去了进入银行工作的机会——银行只招收应届毕业生。辞职以后张涛选择了一家民营私募投资公司工作，这个职位看起来还是属于金融行业的。工作两年以后，张涛的运气确实不好，老板跑路，公司破产。目前张涛32岁，待业在家，计划向亲戚借款做生意。

【案例启示】

张涛选择的保险行业属于"体制外"的金融行业，这个行业的门槛很低，并非需要本科以上的学历，因为这个行业更多的是需要有"销售天赋"的人。一旦选择进入体制外的保险行业，这就等于失去了大学毕业生在体制内的"干部"身份。国有银行属于体制内的单位，属于相对垄断的行业，不但工作的福利待遇、稳定性相对更好，更重要的是国有银行能够保留大学毕业生在体制内的"干部"身份。什么是干部身份，这里必须要解释一下。在体制内的干部身份意味着不管工作成就如何，随着时间和资历的增加，拥有干部身份的人始终能享受其对应身份的待遇，这个待遇或者是科长、处长、厅长等可能晋升的职位，或者是体制内"工作年龄"对应的待遇。尤其对很多在国有银行拥有超长"工龄"的人来说，他们不一定有实权或者领导岗位，但是享受对应干部级别的薪酬福利待遇。

张涛并不属于有销售天赋的人，或者说张涛不太适合在体制外工作，因此保险行业并不适合他。最终张涛与金融行业失之交臂。而最为可惜的是，张涛本有能力获得体制内的身份，最终却由于对行业的规则不甚了解，做出了错误的选择。显然，当初和张涛做出相反选择进入县级国有银行工作的大学同学更多地享受了体制内垄断金融行业带来的好处——稳定、相对高薪、较多的发展机遇。

根据笔者多年来对学生选择金融相关专业的调查，对金融行业作如下分析：

1. 金融学的误区

（1）金融学是学"炒股"的专业。

很多学生认为金融学教授股票、债券、期货以及金融衍生品的相关知识，那么经过大学四年培养以后，炒股、炒期货、从事金融衍生品交易就是金融学专业毕业以后的主要工作。从上文案例中张涛的经历来说，这显然是一个重大误区。第一，中国的股市、期货市场、衍生品市场发展处于初级阶段，中国目前几乎没有成熟的金融交易市场，无论是股票市场还是债券市场，暴涨暴跌成为股市怪态，换句话说，经过金融学大学四年的学习，少有人可以"被"培养成"炒股"专家。第二，金融学的专业课程仅限于了解现代金融体系的构成。金融学的培养以理论教育为主，并不涉及如何实践和操作，这是绝大多数高校金融学专业目前发展的弊端。第三，中国高校的金融学教授多数属于理论派，发表金融学的相关论文十分厉害，但是离真正的金融市场产品和交易非常遥远，而且大学教师擅长发表金融学论文的技能主要以研究和摆弄数学模型为主，这些大学教师擅长的数学能力对于培养学生实际生存能力并无实际作用。因此，金融学教学与实践的脱节是金融学教育最大的问题之一，多数高校金融学教师在实际教学中仅仅告诉学生什么是金融，或者是照本宣科，而并没有能力教授学生在金融市场上的实际操作能力。

综上所述，金融学的学生并不能靠这门专业的手艺吃饭。金融学并非一个工程技术专业，这是一个通识教育专业。这些问题导致的结果就是，如果不是国内顶级名校或者财经类院校毕业的金融学大学生，几乎很难从事股票、期货等金融衍生品的交易工作。选择技术含量相对较低、稳定、垄断的银行工作成为多数金融学毕业生的首要选择。

值得考生注意的是，目前金融类大学毕业生的就业压力十分巨大，每年金融类相关专业的毕业生人数高达80万人，但银行等"体制内"的金融行业仅能提供不到10万个的就业岗位，况且金融类相关专业的硕士毕业生2015年已经接近10万人。换句话说，没有硕士以上学历，金融类的毕业生基本上只能在体制外从事保险经纪人等缺乏保障和稳定的工作。张涛的案例就是例证。

（2）数学不好不能学金融学。

如果考生希望成为一名大学金融系教授，那么数学能力要求是非常高的，如果考生不希望成为大学教授，那么数学的作用仅限于考研与读研期间的论文发表。即使在证券公司、基金公司、保险公司的一些核心部门，这些部门能用到数学的岗位都几乎很少，仅有一些产品设计岗位需要金融数学的专业。在这些公司的岗位更多的是需要会计和财务方面的专业知识，而会计和财务恰恰是不需要高深数学知识的专业，很多家长和考生误认为会计学对数学要求很高，这也是一个误区。蔡妮的案例中，蔡妮作为一个文科生，并没有多少数学能力，即使在投资银行部这样神秘的顶级行业中，只有超强的综合素质、学习新知识的能力、考试通过的能力、名校的学习履历等等才是这个行业最需要的个人素质。因此，在中国金融行业中，数学能力是不太重要的一个个人能力。

2. 金融学与经济学、会计学的区别

经济学是一级学科，金融学是二级学科，金融学本科生毕业的时候授予经济学学士学位。换句话说，金融学的所有知识体系是建立在经济学的理论基础之上的，金融学的学生首先是学习经济学的基本理论，随后才是学习金融方面的知识。对于一般的银行招聘而言，经济学和会计学是需求量最大的两个专业。对于考生而言，与其追捧热门的金融学专业不如选择实在的经济学专业和会计学专业，除了这两个专业一般相对金融学专业分数较低，更重要的是这两个专业对于金融行业的工作有实用价值。像注册会计师、高级经济师等等证书是金融行业较为认可的两个证书，一些类似于特许金融分析师（CFA）等等听起来高大上的证书在普通的银行业并没有多少实际用处，而注册会计师却是真正有含金量和工作实用价值的能力证书。

3. 金融行业的分析

金融行业是所有文科生最喜欢的行业，没有之一。但是目前文科的毕业生比例却过高，因此，金融类专业（经济类、管理类）面临巨大的就业压力。

从前文的列表分析中，我们不难发现在目前全部毕业生中，本科文科毕业生占比已经高达51.29%，本科理科毕业生占48.71%。专科的文理科占比各为42.91%和57.09%。高考专业招生结构与社会产业结构需求的不匹配已经产生了巨大的矛盾。结果就是金融类专业成了就业的重灾区，招生过多直接大大提高了金融行业的就业门槛。

具体来说，金融行业就是一个金字塔形状的大行业，其中主要细分为4个行业，如图：

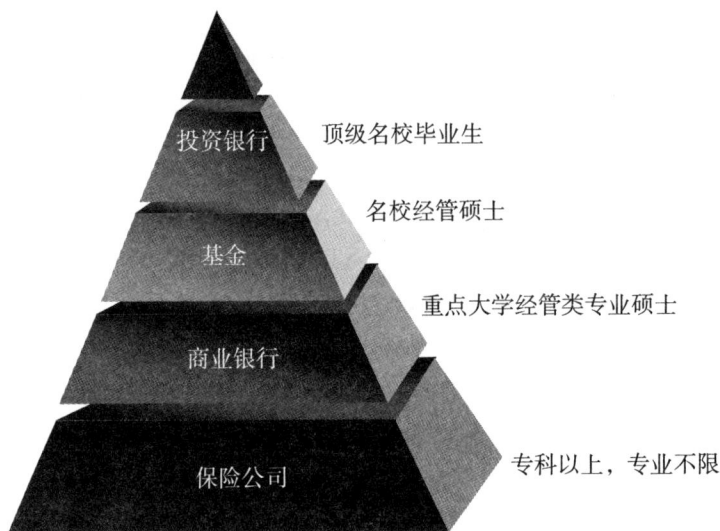

投资银行　　顶级名校毕业生

基金　　名校经管硕士

　　重点大学经管类专业硕士

商业银行

保险公司　　专科以上，专业不限

实事求是地说，体制内金融行业的待遇高、门槛高、竞争激烈，对于考生而言，选择金融行业这条道路并不容易。笔者的建议是，文科生若想进金融行业，可以考虑报考人民银行原直属的金融高校；理科生尽量不考虑在本科阶段选择经济学、管理学专业。若理科生执意要选择金融行业，可在本科阶段将经济学或者金融学选择作为第二专业辅修，硕士阶段再考虑选择金融学较为合适。

体制内金融行业的 SWOT 分析

1. 体制内金融行业的优势

对于绝大多数的金融行业来说，从业人员都可以用白领这个词语来称呼，对于一些顶端行业人士也可以用金领来形容和概括。金融行业的收入在多数城市来说都处于中上的水平，以商业银行为代表，小县城的银行职员年收入在 5 万元至 10 万元，一线发达城市的银行职员收入平均 10 万元起，经济发达地区效益好的一些银行部门或者支行职员平均收入 20 万元以上。因此，银行的收入算是在所有行业中比较高的了。另外，银行的工作朝九晚五，需要加班的部门是少数，工作压力相对其他技术性行业并不大（如建筑、软件），需要长时间通宵加班工作的可能性几乎没有（建筑、软件行业常年加班熬夜）。银行还能够为一些情商高、交际能力强的职员提供大量的专门岗位——客户经理，这与互联网、通信、建筑等技术性行业对比来说，银行的客户经理岗位相对来说收入相对更稳定一些，获得其他岗位的机会也更多一些。另外，多数银行工作岗位的专业知识更新速度比较慢（会计知识多年来很少变化），需要银行人士专职学习、迭代的专业知识并不太多，经验积累、人脉维护、风险控制、遵章守纪是金融行业基本必须能力。总体上来说，金融行业的技术型岗位并不多，按照行业的基本规则办事、有责任心基本上就可以在银行拿到合理的收入。当然，上述优势主要针对银行这个金融行业的主力部门而言，对于金融行业的高端——投资银行、公私募基金等高端领域不能一概而论。

投资银行、基金公司这些高端金融行业的工作压力就要大很多了，尤其是在上市公司快要上市的阶段，参与前期工作的人员加班熬夜是常有的事情。投行的尽职调查员也需要不停地学习各个行业的最新知识，基金公司的研究员也需要不停地撰写行业发展报告。这些工作相对一般的银行职员来说，挑战性更强，但也更符合顶端行业对人才的基本要求——毕业于一流国内名校、硕士以上学历、综合能力要求极高。当然投行的待遇是技术性工作中最高的工作之一，年收入 20 万元起，上不封顶。另外，金融行业的工作环境是相当好的，既不用像工程师一样经常去环境糟糕的一线工作，也不用在偏远的工程地域长期驻扎，金融行业的工作基本上都是在人流量大、人群财富净值高的地域，而且多数工作的对象是人，不是技术性的工作，多数为沟通、协调、解释工作。从上述角度来分析，体制内金融行业可以为员工提供一份稳定、收入丰厚、环境良好的工作，可以说金融行业的职位是一份标准的白领工作，算得上中产。银行的假期按照国家的法定节假日休息，朝九晚五，与一些需要自愿放弃公休假、个人年假、长期 24 小时值班加班的行业（建筑、医院、IT）比较起来，银行算得上是性价比相当高的行业。因此，银行的人士是最会享受生活的人群之一：有假期、有相对高的收入，所以，它也是非常适合女生的行业。

2. 体制内金融行业的劣势

钱生钱和风险控制是金融行业最重要的两个工作职责，所有的职位几乎都围绕着它们来进行设置。尤其对于普通商业银行来说，笔者认为这的确是一份收入相对丰厚、压力不大的工作，但是如果没有特殊的背景、资源或者能力，多数人在银行这个行业的发展是有瓶颈的。对相当多的银行从业者来说，几乎进入这个行业三年到五年以后，他们就可以预见自己一生的发展上限。对于普通员工来说，以银行柜员为代表，他们的工作内容相对比较单调和枯燥，日复一日几乎从事的都是重复、简单的工作。虽然银行有可能为职员提供相对高的薪水，但是对于个人的精神层面来说，银行似乎提供的回报仅限于挣钱这个方面，很难提供类似于工程领域项目完成的个人精神成就感。另外，中国的金融行业发展相对缓慢，多数从业人员仅限于处理传统的存贷款业务，由此导致金融衍生品的市场和产品发育十分缓慢。银行多数职员的晋升渠道也仅限于银行内部，跨行业发展的概率非常低。对于一些高端的金融行业——投资银行、基金公司来说，这些公司受政府政策影响较多，因股市行情影响，IPO 甚至一度中断，在这种环境下投行的人甚至日日无事可做。

3. 金融行业的门槛

首先，金融行业绝大多数需求的主力专业是管理学、经济学两大学科下属的二级专业——经济学、金融学、会计学、审计学、财务管理等等。必须说明的是，银行招收员工最重要的一个渠道是应届毕业生，银行在无特殊关系的条件下拒绝招收非应届毕业生。所以，对于没有资源和关系背景进入银行系统工作的大学生来说，只有一次进入银行工作的机会，一旦失去应届毕业生的资格，就几乎等同于失去了进入银行工作的机会。另外，经济学、管理学的大学毕业生严重过剩，每年高达 80 万的毕业生，银行仅仅提供约 10 万个工作岗位，两大学科的硕士毕业生 2015 年已经高达 9 万人，因此，目标锁定在银行工作的高中生必须考研。而金融行业的顶端行业——投资银行主力需求的毕业生本科几乎都毕业于国内九大名校：清华、北大、复旦、上交、浙大、人大、武大、中山大学、中科大。顶级公募基金公司的毕业生基本上本科也毕业于这几大名校，私募基金根据规模的大小不同对学历的限制略有放开，但最低要求的学历也至少是"985"高校的本科学历。对于一些本科是普通院校，硕士阶段是"985"高校的学生来说，想获得基金、投行的工作难度是比较大的。在中国的金融行业，显然金融学专业绝对不是一个按照大学培养制度好好学习金融课程、考金融从业资格证就能够获得一门可靠手艺的专业。在中国，金融技术发展本来就处于极为初级的阶段，因此就更谈不上大学教育能够为金融行业培养什么技术人才了。

如果考生一定要考虑金融行业作为本科首选，那么笔者的建议是——西南财经大学、湖南大学等人民银行原直属的高校，或者考虑排名在全国高校前 30 的综合性"985"高校的经济类专业。如果成绩达不到上述要求，一般建议放弃选择金融行业作为本科首选。

4. 金融行业的风险

金融行业的多数工作类似于公务员的工作，有责任心就可以做好，但是风险也类似于公务员，多数人一旦失去工作就等于失业，很难在其他单位或者其他行业找到合适的饭碗。换句话说，金融行业的多数岗位并非技术性岗位，而是管理型岗位。有能力的软件工程师、建筑设计师、结构工程师、医生即使在一个单位离职，也可以很快在其他单位找到一份合适的工作。但是对于多数银行职员来说，除非手上有客户资源，否则很难在银行之间跳槽。银行业长期处于垄断地位，打破垄断的概率不高，行业发展的波动性也比较低，即使国家放开利率政策的限制，也难以打破银行垄断的状态。即使打破垄断的状态，银行员工的收入虽然会有所降低，但仍然位于行业的上流和社会工资的中上游水平。经济学和管理学的毕业生如果进不了银行或者政府，那毕业就意味着十分现实的生存压力，甚至是啃老和失业。

2 卫生医疗行业

【高考志愿填报档案】

主人公：陈睿涵　　　　　　　高考时间：1998 年
就读专业：临床医学　　　　　就读院校：第三军医大学（地方班）
高考分数：531 分

　　文艺和舞蹈是陈睿涵从小的爱好，从小学到高中，学校的文艺演出都少不了她的身影。但由于家风严厉，并且父母希望女儿能完成自己没有完成的人生，陈睿涵错过了进入体校学习艺术体操的机会（现在来看，成为一个优秀的体操运动员或选手真的是不容易，当时陈睿涵凭着感觉走，所以，现在的陈睿涵不知道她的选择是幸还是不幸）。高中的陈睿涵成绩波动较大，大体处于中上水平，后期的测评多在重点线以上 10～20 分。老师对陈睿涵的建议是可以考一些重点线上的艺术类院校，特别是舞蹈相关专业。而父母，特别是母亲，希望她考军校、师范类或医科专业，如果是重庆范围内的更好。对于陈睿涵自己，她没有特别喜欢的专业，但她希望去北方读书（理由是想去看雪，多么单纯的想法），偏向于服装设计或建筑设计方面的专业，而对于父母心仪的军校、师范、医科相当不愿意报考。因此，在填报志愿时父母与陈睿涵的分歧非常大。最后，陈睿涵在一本的第一志愿填报的是北京服装学院的服装设计专业，而为了满足父母的愿望，她在二本的第一志愿填报的是第三军医大学的临床医学专业（地方班），专科的第一志愿是重庆建筑大学（现在的重庆大学 B 区）的建筑系。当时的陈睿涵没想到高考化学的失误让她的总分刚好上重点线，最终与自己心仪的学校和专业擦肩而过。陈睿涵以高出录取线 5 分的成绩被二本层次的第三军医大学临床医学系（地方班）录取。

　　中国的医科大学专业一般按研究领域分为：基础医学、临床医学、检验医学、预防医学、保健医学、康复医学等。但根据某些大学的专业特色，可以单独列出儿科（重庆医科大学儿科系）、口腔系（华西医科大学口腔系）等医学专科，其他的临床医学学生都是首先学习临床医学，在工作或进一步学习（研究生）时细分专业学科。通俗地说，绝大多数医生都出自临床医学系。医科大学本科为五年制，也有七年本硕连读，以及八年本硕博连读。

第三军医大学地处重庆，是一所有着 75 年办学历史的全国重点大学，军队"2110"工程重点建设院校，全国首批博士学位授权单位和全国首批开办八年制医学教育高校。第三军医大学的地方学员最早应该是从 1996 年开始，1997 年正式由教育部委托第三军医大学培养，毕业后有国家承认的学历和学位，自由就业。1997—2000 年左右招收的地方学员不多。1998 年招收了 30 名地方学员，与当年招收的军队学员一起生活、学习。学习的硬件和软件条件非常完善和良好。大学第一学年，主要学习医用数学、医用物理、英语、计算机等基础科学；第二、三学年，主要学习生理、生化、药理、实验动物学、遗传学、免疫学、寄生虫学、组织学、胚胎学、病理生理、病理、解剖等基础医学；第四年，主要学习内科学、外科学、妇产科学、儿科学、耳鼻喉科学、皮肤医学、神经医学、精神病学、口腔医学、心理学、传染病学、眼科学等临床医学，主要以学校理论学习以及医院见习的形式进行；第五年，需要用一年的时间在医院实习。学校规定，毕业必须计算机通过 2 级，大学英语通过 4 级，大学必修课（上面列举的均为必修课）必须及格，并最后通过学校的毕业考试。为了更好地学习医科，陈睿涵在大学里还通过了大学英语 6 级考试，最后在毕业当年还被评为了重庆市优秀大学毕业生以及重庆市优秀学生干部。

实习当年，陈睿涵向一家三甲医院毛遂自荐，签订了就业协议，之后通过了医院的公开招聘考试，以前几名的成绩于毕业当年进入医院。（当年由于医科毕业生相对较少，医院对医科毕业生的要求在本科或硕士文凭以上，对是否具有医师资格证要求不严格。而现在，三甲医院对医科毕业生的要求大部分在硕士文凭以上，同时具备"执业医师资格证"以及"住院医师规范化培训合格证书"，如果要成为医院的正式编制，需要通过国家的事业单位招聘考试。）当时医院的薪资条件不好，一个月的工资还不够陈睿涵交纳房租，但由于这家医院患者多，设备优良，对新技术、新业务的更新很快，能在短期内学到、积累到更多的临床知识和经验，对于刚入社会精力旺盛、充满热情的年轻人来说，是非常好的机会，因此陈睿涵还是坚定地留在了这家医院，选择了自己喜欢的科室，开始了自己的"行医"生涯。

在这些年里，陈睿涵真切感受到"活到老、学到老"的真实意义。一边行医，一边学习。先后通过执业医师资格考试、主治医师资格考试、副主任医师资格考试等各种等级资格考试；通过各种与专业相关的讲座、会议、培训班来提高自己的业务能力和临床经验；通过发表与业务相关的论文著作来总结自己在临床上的心得与体会，并通过此来证明自己的业务能力，这对于尽早获得主治医师或更高等级医师资格也有很大帮助。此外，在临床工作中，陈睿涵意识到仅仅只有大学本科文凭完全不够，特别是在进行更前沿的医学科学研究工作中，需要更系统、科学的科研方法。因此，陈睿涵在工作期间，在职完成了硕士研究生以及博士研究生的学习任务，并顺利毕业。相对于那些从大学一直读到博士的应届毕业生来说，陈睿涵需要花更多的精力和耐心平衡学业和工作之间的关系，弥补理论上的漏洞，殊为不易。

在十多年的行医生涯中，陈睿涵和所有工作在医疗岗位上的医护人员一样，怀着一颗救死扶伤的心，为每一位患者解除痛苦。期间遇到过困难，曾经埋怨过、曾经哭过、曾经感动过、曾经开怀大笑过，真正体会到了"健康所系，生命相托"的含义。但在如今紧张的医患关系中，在外人眼里，医生的白大褂不再"圣洁"，取而代之的是"庸医""无良医生"。医生在医疗过程中的理智、冷静，被看成"冷漠""无情"。患者和医生的相互不信任让如今的医疗活动困难重重。此外，一个月几千元的工资收入被外行人说成"日进斗金"！每当听到这样的说法，陈睿涵和同事都淡淡一笑。相反来说，一个月的几千元工资和365天不休的工作制度以及超强的工作强度根本不成正比。但在"健康所系，生命相托"的誓言面前，陈睿涵继续着自己的行医之路。此外，由于身处教学医院，陈睿涵还需要完成繁重的教学任务，在这之前，首先需要通过教师等级考试、普通话资格考试，最终获得教师资格证。在工作间隙，要完成医科大学里的理论大班授课以及医院的见习和实习带教。

陈睿涵回想当年，从不愿意从事医科，到高考失利落入"贼船"，并"泛舟"这么多年，现在在工作中没有了失落和哀怨，更多的是愿意将这份工作进行到底的希望和信心。

【案例启示】

从录取的结果来说，陈睿涵以高出重点线不多的分数就读著名的第三军医大学二本层次的地方班临床医学专业，是一个相当不错的结果，虽然遵循了父母的意见，但是却违背了自己学艺术类专业的初衷。就陈睿涵意向中的服装设计专业来说，这是一个"小"专业，属于典型的边缘性专业、非核心专业，目前我国的服装设计行业小且工作以模仿和抄袭国外为主，收入在一线城市也不会太高，制衣行业的低技术含量和业内激烈竞争的态势决定了国内服装制造厂家多数只愿花低成本的"模仿设计"经费，而不会愿意花高价养着服装设计师。从这个观点来说，笔者个人观点是陈睿涵因祸得福，"幸运"地没有被北京服装学院录取，况且以陈睿涵的成绩被意向中的服装专业录取概率较小，一般情况下二本层次的王牌专业在外省市的投档指标仅有一两个。而临床专业是核心专业、社会最核心的职业，压力大、技术含量高，社会地位也更高，精神层面收益大，虽然极其辛苦，但是医生的努力工作能够得到绝大多数患者的认可和欣赏。就收入来说，部分医院的待遇有待提高，但是可增长的空间是存在的。以陈睿涵目前的情况来说，不代表行业不存在为她提供高收入工作岗位的可能。另外，医院也存在收入一般、工作也相对轻松的医生岗位。对于陈睿涵来说，具备博士学历的她完全有机会选择脱离临床工作，进入医学院从事临床教学工作，这样的工作虽然还是一个月大几千块钱的工资收入，但是工作内容却相对轻松，所以陈睿涵具备许多选择的可能，这也是一个好行业为优秀人才提供的发展平台和空间。医生这个职业对比服装设计师来说，显然体制外的国内服装设计行业很难为设计师提供很好的薪水与更多的职业发展可能。

医疗行业的 SWOT 分析

1. 医疗行业的优势

医疗行业与其他所有行业最大的不同点是：这个行业的发展几乎没有波动性，专业医生的价值一定是越老越吃香——未来 20 年中国每年新增约 600 万 60 岁以上老年人口，1.2 亿的老年人的医疗需求将大大增加，专业医疗服务就是刚需，比住房、旅游、汽车的需求要刚得多，需求毫无弹性可言。而其他行业类似于金融、互联网、通信、教育、房地产等都不可避免地在未来 20 年内将出现行业大的波动，甚至毫不夸张地说，中国除了医疗服务产品以外的几乎所有行业都可能出现不同程度的产品供给过剩（绝对垄断行业、殡仪行业例外）。更重要的是，医学类专业也是所有中国目前开设的本科专业里面为数不多的手艺类专业，只要学生按照医科大学或者医学院的培养计划认真学习和考试，获得了医学学士学位、通过了执业医师资格证的考试，那么医生这个职业就将成为考生的一个耀眼的光环和钢饭碗（中国 85% 以上的专业经过大学 4 年教育后学生都学不到一份吃饭的手艺），并且经过规范化培训之后的绝大多数医学生都拥能有一份吃饭的手艺。与之形成鲜明对比的是类似于计算机、软件、英语、生物、社会学、行政管理等"素质"专业，相当多的学生即使按照教学计划完成了学业，顺利拿到了毕业证，但是却有相当大的可能找不到一份让自己满意的工作。更为重要的是，这些专业学完之后绝大多数学生仍然没有一份吃饭的手艺。

从培养成本的角度来说，与美国等发达国家不同的是，中国的医学专业在本科就已经开设，每年医学类专业的招生人数大约在 23 万人，招生比例大约为当年新增劳动力就业人口的 3%。美国的医学生招生比例也大约为同等条件的 3%，但是美国的医学专业仅在硕士阶段招录，且学费远远超过中国（美国医学生平均学费 10 万美元），中国医学生 5 年学费仅为 3 万人民币。另外，中国的医学院存在大量的二本医学专业，这对一些成绩一般、家庭条件一般的学生来说，就读医学专业是很好的改变自身命运的机会。

从收入的角度来说，临床、口腔、麻醉、影像、检验等等医学类专业都可以获得较好的收入，三甲级医院的医生年平均收入 10 万元起，科室效益好、技术高超的医生年收入 50 万元至 100 万元，普通公立医院或者社区医生的年收入 5 万元至 10 万元。与一般的行业比较起来，医生的收入水平位于社会的中上游。另外，医生是一个非常受人尊敬的职业，是一个可以用勤奋弥补各种出身不公的职业。即使你是一个医学专科生，如果你有做外科手术的天赋并且异常刻苦，那么超高的年收入就离你不远了。例如，口腔医学专科的录取分数相当低，读完专科以后去民营口腔诊所实习两年，通过助理医师资格证，在师傅带徒弟的学习方式下争取通过执业医师资格证，那么就有独立行医的资格。理由很简单：一名手艺好的牙医，在任何年代都是极其吃香的。同样，对于一些手艺高超的外科医生，虽然可能学历不如一些硕士、博士，但是他们拥有常人不具备的手艺，一些复杂的外科手术在他们那里变得相对简单和合理，他们也能够得到市场的认可，获得超额的精神和物质回报。比较有代表性的医生以脑外科、心外科、骨科为主，这些天赋异禀的医生面对的是各种复杂的手术，他们知道用最合理的手术方案为患者解决问题，自然他们也能获得超高的收入回报。

医生除了拥有相对丰厚的收入、一份稳定的工作、一个吃饭的铁手艺之外，最大的回报来源于工作的成就感。救死扶伤并不是一个虚幻的词语，当你看到一个个病患因为得到良好治疗而实现生命延续的时候（躺着进医院，活蹦乱跳地出医院），这种成就感绝对不是钱能够买得到的。这种成就感来源的方式十分直接——就像工程师完成了一件工程后获得的成就感，只是具体感知的方式不同。

天道酬勤，这个成语不一定对很多高校专业有用，但是对于临床类专业来说，这个成语绝对有用。

2. 医疗行业的劣势

医疗行业是一个特殊的体制内行业，医疗行业既不能完全实现市场化，同时还要在政府的主导和监管下按照中国特色的市场经济发展。最为明显的问题是：公立医院医生的技术水平在卫计委制定的医疗价格目录中得不到合理的体现——专家、教授的挂号费 20 元，手术技术费用几十元，并且多数公立医院的医生治疗费用几乎一致，这显然是不合理的。如果完全按照政府指导目录下的医疗产品价格体系给患者治病、收费，那么一个普通医生的收入水平只有基本工资 1500 元，奖金、津贴 800 元。这对于一个技术高超的医生来说，是完全不合理的。举个案例来说明，骨科手术的螺丝钉会永久在患者身上存留，虽然一颗螺丝钉的生产价格只有 200 元，但是，作为复杂的骨科手术，医术高明的医生才知道怎么将这颗螺丝钉合理地放进患者的身体，并且保证这个螺丝钉几乎永久在患者体内正常工作。这个手术的价值远远超过 200 元，实际的手术劳动市场价值在 2000 元以上（参考其他市场化国家的医疗服务价格）。于是，中国特色的医生收入制度产生了——医生的主要收入来源变成了药品的回扣，这是一种灰色收入，虽然不合法，但合理。

这个制度有一定的合理性，技术水平高的医生受到慕名而来的患者追捧，需要付出更多的劳动，当然也必须使用更多的药物，那么医生也能得到更多的药物回扣。医院作为半公益性质的机构，一方面必须对穷人实现基本的医疗救助，另外一方面医院需要发展、医生需要合理的收入也必须要有经济效益。中国的医疗制度虽然存在种种问题，但是与其他国家比较起来，仍然有相对的合理性。在中国，任何时间患者都可以入院进行治疗，只要你拥有城乡居民医疗保险，那么患者都可以报销相应比例的费用。

因此，中国医生的收入如果按照政府规定的制度去公开，那么医生的待遇很可能只等于社会平均水平。这对于拥有十年以上专业技术经验的医生来说是非常不公平的。在任何国家，医生的收入都应该远远高于社会平均水平——医生是社会的精英，收入属于上流阶层。如果制度过多地干预市场行为，市场就会用它无形的手去改变不合理的制度干涉行为，所以灰色收入就成了医生的主要收入来源之一。与之形成鲜明对比的案例是民营口腔医疗诊所，由于口腔外科手术的特殊性（风险很低），牙医的行医也不需要多复杂、昂贵的医疗设备。民营牙科诊所的生意好坏取决于牙医本身的技术水平，因此民营牙科诊所的治疗服务明码标价——治疗费用和药物费用清晰可见，于是牙科医生的个人技术价值在市场经济中能够得到非常充分的体现。

问题就来了，既然医疗制度存在种种不合理，那么医生就承担了很多本不应该承担的压力——医患矛盾基本上都在医生身上。例如，多数患者都认为医生包治百病。其实医生的工作和律师有点类似，没有哪个律师有能力保证打官司百分百能赢，同样医生也不能保证每个患者都能百分百治疗成功。还有少数人利用中国医疗制度的漏洞发展成为"医闹"，医生被打的事件时有发生，医院门口时有医闹摆灵堂。医患纠纷最后基本上都走不上法庭通过法律解决，几乎都以和稀泥的方式结束：医院赔钱了事。

所以，中国的医生常抱怨收入低、工作压力巨大，收入与付出不合理，还得学习各种最新的医疗技术。另外，成为一个优秀的医生需要 12 年以上的学习经历——5 年制本科、3 年规范化培训或者硕士学习、1 年至 2 年科室轮转学习、2 年"师傅带徒弟"学习做手术、开药方，一个能独立行医的外科医生至少需要 12 年以上的学习时间，要成为一名优秀的医生几乎需要到 35 岁以后才能够实现，这些学习时间远远超过其他行业。另外，如果一个医生不谙世事，那么这个医生完全有可能穷得买不起车、买不起房，因为这样的医生很有可能拒绝药商的回扣或者患者的红包，所以这样的医生收入就可能相当低。另外，临床医学的学习难度也是在所有专业中相对较高的，良好的记忆能力不但在考试中至关重要，在实际工作中也同样重要，一个合格的医生不但要记清楚几百种药物的基本用法，还要根据患者的实际用药情况进行合理搭配和组合。如果记忆能力比较差的考生选择医生这个职业，可能学习的过程本身就比较痛苦，甚至没有办法通过考试拿到执业医师资格证，工作的过程也会比较难受。因此，一般不建议记忆能力比较差的学生选择临床类专业。

医生不一定都是智商很高的人，但是多数医生通常都有超过常人的记忆能力。

3. 医疗行业的门槛

首先全国任何一所医学院都不止开设临床类的专业，根据笔者的统计，多数医学院校的非临床类专业招生名额至少占据所有招生名额的一半以上。如果考生不幸读到非临床类专业，那么基本上就与医生这个职业说再见了。当然医学院的学生从事医疗行业的工作还是有一定优势的——如医药代表，简称卖药的。既然选择医学院，理论上都要选择五大临床类专业作为首要目标——临床医学、口腔医学、医学影像学、医学检验、麻醉学，上述医学类专业都有资格参加执业医师资格证考试，通过以后的医学生也就能成为一名正式的医生。

但是，根据笔者的统计，多数医学院的本科临床类专业在本省的招生竞争都是极其激烈的。以四川省为例，四川省的 2 所二本医学院——四川医科大学（原泸州医学院）、川北医学院的临床医学专业均放入一本招生，分数最近三年均超过重点线 40 分左右，而原本是专科层次的成都医学院的本科临床类专业都要高出一本线。其他省外医学院的招生名额一般仅在本省招生指标的 10% 以内，四川 5 所医学院在四川省总招生人数约为 3000 人，而其他外省院校在四川合计招生不超过 300 人，所以多数医学院的临床类专业录取分数都是相当高的，想读到临床类专业，在填报志愿中并不是一件容易的事情。

因此，选择当医生在填报志愿的过程中是一件相当痛苦的事情——明明可以上一些"985"院校的普通专业的分数，但是一旦选择医学院，就必须放弃填报"985"院校，很可能只能选择二本层次的医学院。从考生心理门槛的角度来说，这样的填报方式可能有些违背"常理"。例如，重庆医科大学临床医学在重庆市的平均录取分数几乎要高于重庆大学的平均录取分数，重庆大学是"985"院校，但是重庆医科大学却仅仅是一所省属重点大学，多数专业仍然在二本招生。在其他省份也同样如此，二本的临床医学专业录取线大大高于二本线，作为二本专业列为单招进入一本录取是非常常见的事情。例如，安徽医科大学、安徽理工大学的临床专业都是一本，但是在其他省份招生却是二本。这对许多考生而言，完全可以利用地区的分数差异为自己增加被临床专业录取的机会。一般来说，距离越远的地区，分数相对越低，如川渝两地的考生报考东北三省的临床二本专业，分数可能仅仅需要二本线上 10 分左右。

即使通过了高考这一关，对于有志向的医学生来说，从医之路也并不容易。三甲级医院几乎清一色要求最低硕士以上学历，所以想进入好医院、拿高薪，高考只是第一步，考研是第二步。考研同样竞争激烈，对于好的医学院来说，一般仅有 20% 左右的硕士录取概率。通过研究生入学考试之后，还有第三步：规范化培训和执业医师资格证考试，这一步相对容易，但是仍然在长时间磨炼医学生的意志力。这就像游戏中的练级打怪，只有通过一关关的检验，才有可能成为一名正式的医生。即使通过了所有考试的关卡，成为一名正式的医生，还有医院的科室轮转的考验，万一轮转后定的科室效益不好，这对医学生来说也是一个可能存在的门槛。

4. 医疗行业的风险

医疗行业的风险主要来源于医疗环境污染——传染病、病菌暴露等等。另外，医患矛盾的压力十分巨大，这需要医生拥有良好的心理素质。

3 法律行业

【高考志愿填报档案】

主人公：欧阳案　　　　　　高考时间：2001 年
就读专业：法学（公检法方向）　就读院校：西南某著名政法大学
高考分数：655 分

欧阳案在还没读大学之前，其实对自己的名字一直都不怎么满意。他搞不清楚老爹啥意思，怎么会取这么个名字。你看别人家的小孩，名字取得多好听：之柔、夏青、妙菡、岱川、景梵……"案"，除了大案要案，就是桌子台凳了，叫"欧阳小明"都比这好。欧阳案发牢骚时不免这么想。

欧阳案除了觉得自己的名字起得不咋地之外，其他都自我感觉良好。比如，学习好、体育好；高三时身高已经达到 178 厘米，人长得精神，是个帅小伙；性格果断，处事果敢，爱帮助人，同情弱者，一句话说就是品行端正；此外，还家庭背景优良，小康之家，家教严明。

其实，欧阳案名字中的"案"字，寄托了欧阳老爹对他的期望。欧阳老爹是老法学人，在西部省份的一个偏远县城的基层检察院工作。在他的认知里，"案件"才是整个检查工作的核心，检察院及其工作人员，通过依法公正地查办案件来实现社会正义。他给自己儿子取名"欧阳案"，一是要他子承父业，继续为检察事业奋斗；二是要他牢记检察工作的核心，精通办案业务。

欧阳案就是在这么一个父亲对其前途严密"检查监督"的环境下成长的。但在高考之前，欧阳案对自己的未来并没有过多考虑。他只是偶尔会憧憬一下大学生活，但要问他那种生活是怎样的生活，他也说不出来。以此判断，欧阳案是个务实主义者，不善于幻想。

尽管欧阳案心里不时对自己的名字心有不满，平时也一副没有目标追求的样子。但潜移默化下，高考填报志愿时，他还是遵随了欧阳老爹的意愿，填报了中国西南这家著名的政法大学。

按说，以他 655 分的高考成绩，报中国政法大学也会被录取。他之所以填报了西南的这家大学，有两个原因：一是欧阳老爹是这家大学的老校友；二是欧阳老爹或许是在基层待久了，思想上有点与时代跟不上，他还是觉得西南这家法学源远流长的政法大学，代表了当今中国法学的最高水平。我们在此不好评说"中国法学哪家强"，其实从"五院四系"出来的法学毕业生都很不错。毋庸置疑的是，欧阳案一生的前19年，深深打上了欧阳老爹的烙印。不同于其他同学填报志愿时参考了三姑六婆的意见，欧阳案只听从了他老爹的意愿。简单明了。

就这样，欧阳案以比同一批被录取的同学高出近100分的成绩，开始了他在祖国西南大地上的4年旅程。表面上看，欧阳案的志愿填报是遵从了他父亲的意愿。但从他接触到法学，尤其是公检法方向的知识后，其体内继承的欧阳老爹的法学基因，以及他名字的优势就充分展示出来了。在整个大学期间，欧阳案都是个活跃分子，名扬校内。他不仅办班级法庭、搞法庭辩论、写法学评论、出法学校刊，要紧的是功课成绩还门门优秀，年年拿奖学金。搞得刑法学老师——也是班主任和一位优秀的律师，对这小子爱护有加，经常一句："欧阳案，去办案！"就带着他去办"大案要案"了。

就这样，大学四年欧阳案顺顺当当地毕业，毕业时留下满校园关于他的传说。但桃色新闻是没有的，期间虽也有师姐师妹对他暗送秋波，但他对此总是反应迟钝，或者故意反应迟钝。反正四年下来都是孤身寡人，整天扑到法学的钻研上。

欧阳案骨子里是有为公检法系统服务的意愿的。一个例证就是，他毕业的时候，以"优秀毕业生"的身份拿到了毕业证和学位证，同时拿到了律师资格证，与其他同学相比，他的就业优势十分明显：班主任想把他留下来继续攻读研究生，一家跨国企业和一家大型国企分别以年薪30万元和25万元要聘用他，重庆、成都、广州和深圳的若干家律师事务所想聘他进所……这一切他都拒绝了。欧阳案最后选择回到他所在的那个省份，考取了省城一个城区检察院的公务员。

自上大学后，欧阳老爹就很少干涉欧阳案的选择了。毕业时，他只对欧阳案说了一句话："能进检察院就尽量进。"如果说欧阳案没有服务公检法系统的念头，此时作为一个成年人，且完全有行为能力，他就不大可能放弃前面所说的那些"诱惑"了。公检法系统属于公务员系列，其薪酬是全国统一的。正如习近平主席说的那样："当官就不要想着发财。"如果当官发财了，肯定是——"你懂的"。

如今，毕业已10年，欧阳案很多没有当官的同学要么进了律师事务所干起律师来，要么到企业当法律顾问，要么干脆就自己开公司当起老板……很多人都发财了，有车有房，灯红酒绿，意气风发……欧阳案还是在他的那个城区检察院里认真上班，专心办案。检察工作经常要保密行动，所以一般他出差都是临时决定，不能预先向其他人报告行踪。有时候涉及重大任务，连自己家人都不能告知。这种工作状况与欧阳案搅动风云的大学生活，简直就是天壤之别。不过倒是比较合适他性格中最重要的安静、务实的那部分。

工作上，欧阳案的专业精神和办案技巧，使他成为院内最年轻的科长，专门负责侦查监督工作；生活上，他朴质、平淡，没有物质上的奢华，但安稳、平和，和妻子恩恩爱爱地生活在检察院的生活区内。不过同学聚会时，在同学中间他还是有当年在校园时的那种气场。原因或许不似当年，那时因为他学业优秀，所以成为校园风云人物。如今，其"气场"或许是渗透了更多功利的考量，比如一些同学都或多或少有点"巴结"他，是考虑了他的"检察官"身份……

难能可贵的是，10年来，欧阳案处事尽管比以前圆润了很多，但还是保持了他的秉性，办案办到熟悉的人，也能坚持原则，不徇私枉法。他简单的想法就是：恺撒的归恺撒，上帝的归上帝，熟人犯案了，也得按规矩办。

【案例启示】

我们回头来看，其实欧阳案当初选择专业是挺正确的，子承父业也是一种填报志愿的常态和理性的选择。所谓"知子莫如父"，欧阳老爹对自己的这个儿子知之甚深，他知道欧阳案有质疑精神、有活动能力、有原则、有正义感，另一方面，其个性稳重、务实、不爱奢华，耐得住寂寞。这些特质是作为检察官必不可少的。加上自己对他耳濡目染的影响，自然会发挥他最大的潜能。可以这么说，欧阳老爹为欧阳案指引了一条适合他走的道路；在关键节点上，欧阳案毅然决然地沿着这条路走了下去。这对父子不仅实现了他们的生命交接，还实现了人生事业的交接。

欧阳父子的事例给我们的经验是：在填报志愿时听取父母的意见十分重要。但前提必须是"父知子，子懂父"，否则就会出错。君不见有多少父母在孩子填报志愿时"指点江山"，结果却是毕业即失业，更别说发展事业了，搞到最后是"兵败如山倒"。尤其是想往法学公检法方向发展的同学，更应慎重，因为这类专业不是说马上就可以入职的，还必须通过公务员考试。但"公考"这一国考，多少年轻人为之付出青春和代价，最后依然无法进入。

走法学公检法方向是一条艰辛的路，无论是公安系统、检察院系统还是法院系统，都要经过层层筛选才能进去。但同时，这也是一条值得为之拼搏的光荣之路。通过走这条路，可以直接实现社会的安定、和谐、正义，从而实现个人"治国平天下"的崇高理想。

【高考志愿填报档案】

主人公：梅长苏　　　　　　　高考时间：2005 年
就读专业：法学（律师方向）　就读院校：华东某著名政法大学
高考分数：500 分

梅老爷当年为女儿起名字时，绝对不会想到如今有部热播的连续剧——《琅琊榜》的主人公也叫梅长苏。网络小说《琅琊榜》是作者海晏在 2006 年——梅长苏读大一那年写的，因此可以排除梅老爷是看了小说后为女儿起的名字。按照梅长苏同学的说法，是因为梅老爷当年是在长长的西湖苏堤上遇见的太太！那么就不难解释了：是为了纪念当初的相遇咯！梅老爷，嘿嘿，浪漫之人也。

上海作家先生在西湖苏堤上遇见了杭州会计女子，后来就有了梅家姑娘——长苏小妹。这人物、环境、情节，按说可以写成另外一部小说的，这长苏同学也应该生得诗情画意、婉约多情……可惜剧情偏偏不往这方面走，梅长苏性格"若男"，动静相宜，静如处子，动如脱兔；形象干练利落，历来都是短发示人；另外就是思维严密，不善抒情，更识推理。平日里和同学多有打闹，称兄道弟，见男女同学一视同仁，统统曰：兄弟！

这假小子倒让梅老爷梅夫人省心不少，当别家姑娘凄凄惨惨悲悲戚戚闹早恋分手剧时，她却在一旁安静地涉猎了大量如《莫格街凶杀案》《福尔摩斯探案全集》《神秘房客》《达·芬奇密码》《盗墓笔记》等各种推理小说，以及如《十二怒汉》《断箭》《死亡医生》《全民目击》等与律师和辩护制度有关的电影。高二之后，梅长苏的辩才在班里就所向披靡。

梅长苏爱好小说、影视作品，这基本是继承了梅老爷的基因，文艺范儿感性嘛！但她爱的是推理小说和影视，这则是继承梅夫人的基因，会计多理性见长。这些表现在选志愿这事上，泾渭分明。

话说 2005 年，梅长苏高考成绩出来了，刚好文科 500 分。这分数在其他省份不算高，但在上海算是不错了，报一本志愿基本可以被录取。在填报哪个高校的哪个专业上，梅老爷和梅夫人产生了分歧。梅老爷坚持要女儿填复旦大学中文系，梅夫人则要闺女读华东政法大学法律学院。作为女儿，梅长苏一下子也不知听谁的，似乎谁讲的都有理，自己对这两个专业也好像都挺喜欢。僵持之下，还是梅长苏的理性思维发挥了优势，她说服了梅老爷和梅夫人，让他们帮助自己去做一次专业测评，用数据说话，以科学的方式为自己决定未来。

他们找了一家权威的高考专业测评机构，该机构从梅长苏的天赋、性格、兴趣等方面做出综合分析，不仅让她知道自己喜欢做什么，而且让她更深刻地了解自己擅长做什么，适合做什么，从而准确选择适合自己的专业。测评结果显示，梅长苏最合适填报法学类的专业，因为这个专业倾向于理性思维，但也需要感性思维来辅助才会学得更好。测评结果还显示，梅长苏的未来如果能从事与思辨有密切关联的工作，会更出类拔萃。最后，梅长苏依照测评结果，报读了华东政法大学法律学院民商法专业。梅老爷在科学数据面前，也只好依了她。

华东政法大学法律学院也真不是吹的，大师纷纭，人才辈出，是华东政法大学历史最悠久、规模最大的二级学院。梅长苏在里面如鱼得水，尽情畅游法海之中。大学4年里，最让她得意的是，她参加了三届大学生辩论赛，两次获得最佳辩手。辩论赛上，她总是最光芒四射，只要一到她发言，那真是如黄河之水滔滔不绝，一发不可收拾。她以逻辑推理见长，把对手逼入理论、观点的死角，让对方无话可说、无理可辩，又以感性的语言和恰当的表情打动听众、征服评委。可以说，当年校内辩论赛，有如一年一度的明星演唱会，热闹非凡，大家都争着去看法律学院的那个梅长苏！

如今毕业5年了，每每回想当年辩论赛的盛况，梅长苏多少都有些唏嘘感慨。在如今真正的法庭上，是不可能有那样的情况出现的。那不过是象牙塔内的青春过往罢了。

尽管梅长苏是校园明星，是最佳辩手，但毕业时差点不能从事法律工作。原因是她没能及时通过全国司法考试，拿到律师资格证。刚开始去了几个大型的律师事务所应聘，都没能成功。在她有点动摇要从事非法律专业的工作时，一个小律所向她伸出了友谊之手，给她一个法律助理的职务。法律助理是什么？就是为律师"打下手"，做一些办案的辅助工作，比如起草诉讼文件、协助出差办案等。

梅长苏在这家律所一待就是3年。2012年她通过了全国司法考试，拿到了律师资格证。2014年梅长苏换了第二家律师事务所，是一家专门打经济纠纷案件的大律所，国内和国外的案件都有代理，她在这里有了更广阔的发展空间。

我们知道，虽然是学法律的，但要成为执业律师，还得经过两个程序：一是通过全国司法考试，取得律师资格证；二是经当地司法局批准，取得执业证书。这两个程序缺一不可。梅长苏在大学期间没有通过考试，所以毕业时只能在律所里担任法律助理。毕业前三年对她的成长至关重要，如果说大学四年是梅长苏光芒四射的四年，那么这三年是她卧薪尝胆的三年，这期间她任劳任怨，积累了大量的实践经验和知识，这为她在第三年一举通过司法考试起到了关键作用。

江湖传说，司法考试是"第一国考"，这不假。近几年每年有40多万人参加司法考试，通过率平均在13%上下。通过司法考试，是实现从事律师职业理想的第一步，但很多有志青年，都折翼在司考之下。梅长苏凭借坚强的毅力和扎实的工作经验，终于通过了2012年的司法考试。在担任一年的实习律师后，拿到了她梦寐以求的执业证书。那一刻，她的梦想才真正起飞。这时，离她毕业已经四年了。

作为一个有天赋的青年，梅长苏不可能一直蛰伏在原来的那个小律所里，在她拿到执业证书后，就加盟了现在的这个大律所。经过一年多的自己独立办案，现在的梅长苏，变得更加成熟，办案手段更加符合实际，而收入也节节攀升。

原来当法律助理时，梅长苏的月薪也就4000多元，在大上海，这点工资其实挺可怜的。但在那个阶段，也就那个收入。如果在我国中西部地区，还没有这么多。法学助理的薪酬收入，全国平均月薪是3000元左右，而全国执业律师的年薪目前大约是8万元。律师行业是压力巨大的行业，收入不稳定是一个重要因素。律师是没有固定收入的，梅长苏的收入全靠她的办案报酬。不过对梅长苏来说，这不构成对她的压力，单就去年的收入来说，她已经达到20多万元了。其中一个涉及海外企业并购案的项目，她的代理费就是15万元。

【案例启示】

梅长苏是幸运的，天赋、性格和兴趣等因素让她拥有了比其他人从事律师行业更多的优势。她的很多大学同学和前几年的同事都陆续转行了，哪怕是已经获得执业证书的，也有人放弃了漂泊奔波的律师生涯。作为考生来说，从梅长苏身上我们获得的认知应该是：如果要学习法律，要往律师的方向发展，我是否与她一样有着对这个专业和职业的天然禀赋？我能否与她一样在今后的职业生涯上走得顺畅？

法律行业的 SWOT 分析

1. 法律行业的优势

律师是一个专业的职业，发展极为成熟，算得上一门手艺专业。但是，中国的大学教育很难教育出专业的律师，多数律师仍然靠师傅带徒弟的方式产生。因此，有当律师想法的理科生建议本科不一定要学法学，本科学习一门工科专业，硕士阶段转到法律专业可能对职业的发展更为有利。因为一些涉及技术领域的官司是必须要具有相关学科专业背景的律师才能够从事的专业工作。随着中国经济的发展，跨国并购、大公司资产重组、WTO 贸易争端的案件时有发生，具有注册会计师或者注册审计师工作经验的律师在经济事务方面的作用更加巨大，并且相关非诉讼的法务咨询的收入极其丰厚。本科学习会计学专业，在会计师事务所工作两年，再转入名校的法律硕士，毕业后更能胜任金融、房地产、资产重组、并购等方面的非诉讼法务工作。

律师的发展方向极为专业，类似于医生的科室分配——内科、外科、皮肤科、儿科等等，律师从大的分类可分为诉讼律师与非诉讼律师。从细的分类来看，诉讼律师分为民事诉讼、刑事诉讼与行政诉讼律师，民事诉讼律师又分为婚姻、经济合同、工伤劳动、知识产权等；非诉讼律师大致分为资本市场律师、公司部律师、银行融资部律师和专利代理律师，主要是根据从事的业务领域不同来划分。资本市场业务可以分为境内 IPO、境外 IPO、私募股权融资、债券发行等等。公司业务是最为庞杂的，包括了反垄断审查、并购、外商投资、房地产融资，甚至人力资源与劳动业务等。银行融资部律师的工作原先是专注银行市场融资，如项目融资、次级债、银团贷款及保险等。各种专业律师的研究方向是相互独立的，尤其是刑事辩护律师可能只研究某几种罪行，对于这几种罪行以外的案件可能就毫无研究——甚至一对律师夫妻从事的律师工作方向不一致，在生活中讨论案件时可以互相攻击对方为法盲。这与医生的工作有点类似，心内科医生与脑外科医生的专业门槛就是隔行如隔山。

综合来看，法律专业是文科专业中为数不多的可称之为能学一门手艺的专业，但是中国大学法学教育与实际的市场需求之间差距太大，从事法律研究的大学教师和专业的律师可谓天壤之别。所以一般情况来说，笔者认为判断法学专业是否能学一门手艺必须因人而异。例如，记忆能力强、演讲能力强、逻辑思维缜密的学生可能很快能把法律这门手艺学到手，但是对于上述能力有所欠缺的学生来说，可能读法学专业就学不到一门手艺。如果学生适合法学专业，拿到了律师资格证，跟对了师傅学到了律师这门手艺，那么律师这个职业的收入还是相对可观的——2013 年中国律师总收入约 473 亿元，北京有律所 1782 家，律师 23776 名，创收 97.61 亿元，人均创收 41 万元；上海有律所 1222 家，律师 16692 人，创收 89.1 亿元，人均创收 56.3 万元，位列全国首位；深圳有律所 459 家，律师人数 8039 人，创收 28 亿元，人均创收 34.8 万元；而深圳所在的广东省有律师 2.5 万名，创收 70 亿元，人均创收 28 万元。东部沿海的山东省，其经济发展水平在全国来说尚属不错，其律师人数是 1.7 万人，人均创收 13 万元左右。而西部重庆市有律师 6600 人，创收 10.3 亿元，人均创收 15.6 万元，为西部之最；西部律师最多的省是四川省，律师 1.4 万人，创收 14 亿元，人均创收 10 万元左右。从上述数据来说，律师这个职业可以称得上是中产阶级收入的典型代表。

作为一门手艺专业来说，如果能够把一门手艺掌握到极致，尤其在一些经济总量大的案件中得以发挥手艺的作用，那么这样的律师的收入可谓上不封顶，国内顶级的刑事辩护律师年收入过千万并没有什么难度。再者，在国内的一些公司上市过程中负责法律事务的律师收入也能轻松过千万。在凭脑力吃饭的专业咨询人士中，顶级律师的收入算得上所有职业中排在最为前列的几个代表之一，与此类似的职业还有券商的投行部经理，顶级医院的科室主任。例如，诉讼律师还有一类是负责跨境争议解决，主要包括境外仲裁（如斯德哥尔摩仲裁院）、海商海事、美国 337 条款救济及 WTO 争端解决（是的，WTO 是靠律师打官司的，而不是商务部或者外交部）。这些业务可以说是诉讼律师的皇冠，其中如 WTO 争端解决，国内真正能接手应诉的不会超过 10 人。这样的律师年收入几千万是没有太大问题的。

从工作的环境来说，律师的工作时间相对自由，工作条件也相对良好。很多律师事务所是由多个专业律师以合伙人的方式联合组建的，说得通俗一点，每个律师独立承接案件，接到案件以后以律师事务所的名义开具发票并缴纳相关税务，除开律师事务所的租金、办公成本开销以后，律师的收入大多数归自己所得。所以，律师的生活就像独行侠，若非特殊的非诉讼业务，多数案件、官司的办理基本上靠一个律师可以解决。对于有经验的专业律师来说，律师这个职业更像是一个行走江湖的侠客——拥有一身高强的武艺，只身与对手作战，而不像公司的领导者一样指挥一群士兵与对手作战。

用国内顶级刑事辩护律师田文昌先生的话来描述律师这个职业："律师不代表正义，但律师的工作时刻都与公平正义有关，律师以其职责所要求的特有方式去实现正义和体现正义。法律问题存在于社会生活的各个方面，使律师与社会政治生活和经济生活紧密相连，成为最能感受和维护社会公众切身利益，乃至与民主与法治共存的一种特殊职业。正因为此，律师这种职业群体才能在世界范围成为政治家的摇篮，成为培养社会精英的基地。"所以律师这个职业，除了是一门手艺外，还是一个有理想、有人文操守、富有正义感的职业，这与许多工程类专业比较起来，相对更适合于一些有人文主义理想和正义感的考生。而律师的职业精神回报也与医生这个职业类似——挽回一个冤案、申述正义。

2. 法律行业的劣势

对于绝大多数人来说，想成为一名合格的律师难度极大。目前国内有约 22.5 万名律师，每年新增律师约 1.7 万人，法学类本科生每年招生约 12 万人，司法考试通过率约 13%。算上法学类硕士，能通过司法考试的学生只占法学生的 20%，并且这 20% 的法学生中有至少一半以上的人会选择从事公安、检察院和法院的工作，拿到律师资格证后直接从事律师工作的人并不多。如果将医生和律师两个职业进行对比，律师这个职业有大量的同业竞争，不但从事的人特别多，拥有相同技术能力的律师也非常多，并且拥有法学学位和司法考试证却没有从事律师工作的人也非常多，这就决定了律师是一个竞争性的体制外行业。而医生一旦进入公立医院工作后就很难产生相互竞争——大型公立医院存在行业客观上的体制内技术垄断优势，而从供给的角度来说，医学生的供给相对稀缺，律师的供给却是过剩的。已通过司法考试的法官、检察官、警察、公司法务专员随时可能跳出单位抢相关律师的饭碗。而医生这个职业却没有可能由其他职业的人转行从事这个工作。综上所述，律师的职业压力是非常大的，80%以上的律师也就能拿到比社平工资略多的收入，和投入的时间、律师执业证的含金量比较起来，律师并不算一个性价比高的职业。

从律师的个人特质要求来说，律师职业的要求极高，不但要有极强的考试能力，还必须拥有超强的个人表达、沟通、演讲能力，换句话说，优秀的律师必须同时拥有高智商、高情商和高"考商"，缺一不可，即使拥有了基本的个人能力，还必须经历很长时间的磨炼。最关键的问题是，一旦本科选择了法学专业，意味着考生毕业之后一般仅有为数不多的三条路可走——律师、公务员、公司法务。能成为律师的人本已经是法学生的精英，但是法学生的精英也需要等待漫长的磨炼期才能成为一名律师，在此之前这些法学的精英需要面对极大的生活压力，而律师鲜有能在 30 岁以前由自己的收入解决买房、买车的人生大事。即使经过了十年，80%的律师也只能达到社会的中等收入水平。从这个角度来说，法学生类似于会计学专业的毕业生，毕业人数极为庞大，像是一个巨大的金字塔，倒在金字塔底的人是多数，成为金字塔尖上的行业佼佼者却寥寥无几。所以选择法学专业是有相当大的风险和机会成本的，尤其作为理科生来说，笔者建议在本科阶段尽量避开法学专业。而作为文科生来说，如果不是特别适合学习法律（高情商、高智商、高"考商"），或者父母拥有律师行业的背景，一般也不建议直接选择法学作为本科专业。

3. 法律行业的门槛

虽然中国的司法考试的通过率综合只有20%，但是与其他国家比较起来，这个通过率已经非常高了，日本和韩国的常年通过率只有3%左右，德国人一生仅有两次司法考试机会。但是中国的律师行业拥有一个特点，进去的门槛不高（司考通过加上实习律师经历），但是成为一名合格的律师就需要很长时间的磨炼。而要成为一名挣钱的律师那就更难了，律师行业存在严重的"28 现象"——20%的律师掌握着80%的优质案源，而剩下的80%的律师却只能争抢20%的案源。所以即使通过司法考试成了一名律师，并不能很快获得合理的收入。律师本科毕业后几乎要用 10 年左右的时间磨炼技术经验和积累个人人脉，经历过磨炼的律师才有可能成为一名挣钱的律师。

对于一些有志于从事律师这个职业的考生来说，重点考虑中国政法大学与西南政法大学两所高校，这两所高校分数相对都不高，而且这两所高校又是国内公检法系统最重要的人才培养摇篮，号称"北中政，南西政"。对于政法、律师系统来说，校友资源是十分重要的。如果是分数一般，因为数学成绩不好考不上这两所高校的考生，那么可以选择二本院校的法学专业，硕士生阶段再考这两所院校的研究生。考研究生对于法学专业最大的好处是——不考数学，仅有靠背和记的考试科目：英语、政治、法学综合。如果考研的背和记都有问题，那么笔者劝考生尽量放弃这个专业，不论是考公务员还是律师职业资格证，背和记是最基本的能力，如果记忆力不好，那么就一定不要选择法学这个专业。

4. 律师的风险

多数律师需要很长的成长历练时间，除了存在长时间的生存压力之外，一些特殊类型的律师还存在职业风险，如行政诉讼律师。律师的风险还来自律师道德操守与社会种种潜规则的相互博弈。

4 IT 行业

【高考志愿填报档案】

主人公：涂啸煌   高考时间：2010 年
就读专业：计算机科学与技术   就读院校：厦门某著名大学
高考分数：610 分

作为一个从中国较为贫困的城市走出来的大学生，涂啸煌是非常幸运的，或许正是因为这个原因，在高考成绩揭晓之后，填报志愿对于涂啸煌以及他的家人来说都是一份需要特别慎重的任务。因为涂啸煌需要依靠助学贷款来完成四年大学的学业，而这也意味着涂啸煌必须选择一个就业比较稳定的专业来保证在毕业之后能够及时地还清助学贷款，在咨询过许多亲戚朋友之后，根据他们给出的意见，涂啸煌填报了厦门某著名大学的计算机科学与技术专业，并且成功地拿到了录取通知书。在拿到通知书的那一刻，涂啸煌非常高兴，因为这份通知书代表着对涂啸煌 12 年读书生涯的肯定。但没有高兴太久，烦恼也随之而来，因为涂啸煌本身所在的城市相对比较贫困，所以在之前读书的时候涂啸煌并没有太多的机会能够接触到计算机，而他所填报的专业恰恰又是计算机科学与技术，也就是说涂啸煌需要在大学期间几乎是从零基础开始学习，他感到压力很大。

大一刚进校的时候涂啸煌觉得计算机的课程也没有想象中那么难，实际上是因为大一的时候开设的课程大多数是公共课和基础课。说到这里，就不得不说一下计算机科学与技术、信息与计算科学、软件工程这三个专业的区别。很明显，这三个专业都是与计算机有关的，那么区别在什么地方呢？我们都知道，计算机语言与数学有着密不可分的联系，但是各个专业的目标方向就不一样了。信息与计算科学这个专业隶属于数学与统计学院，本科阶段大部分学时都是在学习与数学相关的课程，与计算机相关的课程只是进行基础性地介绍，并不会涉及太多。而软件工程是划在软件学院门下，其更多的课程着重于计算机软件方面的应用，所以有着更多更高深的计算机编程语言课程。而涂啸煌所学的计算机科学与技术专业就像是这两个专业的折中，兼顾计算机知识的理论与运用。涂啸煌在度过了大一较为轻松的时光之后，从大二便开始接触关于计算机的专业课程。从最开始的 C 语言起，到之后的 C＋＋、JAVA 等各种计算机语言的学习，除此之外，数据结构、算法设计这样的课程也接踵而至，涂啸煌一直都很努力地试图上好每一门课，但确实课程偏于枯燥，加上涂啸煌在这方面毫无基础，往往得到的是事倍功半的效果。久而久之，涂啸煌对于课程的期望从高分变为及格就好。而这种衔接性比较强的课程只要一步落下了，后面的课程要学好难度就成倍增加。好在涂啸煌最后在大四的时候还是成功地取得了毕业证书和学位证书。在毕业之后，涂啸煌是这么说的："班上对计算机有浓厚兴趣的人都是一群怪物，在他们眼里没有白天黑夜的区别，目光一直盯着电脑屏幕，偶尔傻笑起来。"他还笑称，还好他没有对计算机产生较大的兴趣，不然可能头发都白了不少。

毕业之后的头等大事就是找工作了，而根据计算机科学与技术专业的培养要求，该专业学生主要学习计算机科学与技术方面的基本理论和基本知识，接受从事研究与应用计算机的基本训练，具有研究和开发计算机系统的基本能力。涂啸煌在毕业后发现，计算机科学与技术这个专业可以应聘的范围确实很广，毕竟处在这样一个信息化的时代，无论什么企业都会需要计算机方面的人才，而涂啸煌通过询问前几届毕业的学长学姐的就业情况后得知，大多数的人选择的都是研发类或者是产品类方向，也就是做软件开发、前端开发或者是产品运营、软件测试。但通过一段时间的应聘后，涂啸煌发现了一个情况，那就是这个方向的应聘不会有学校方面的门槛，只要是学这个方面专业的人，都有机会去参加面试，也就是说，应聘计算机这一类的职位更多的是需要个人的硬实力，而不是学校的名气。只要有较强的专业技术，去著名的企业获得高薪职位也并不是一件很难的事。而涂啸煌自身的水平有点属于那种高不成低不就的状态，所以涂啸煌选择到自己家乡的一家不错的公司，成了一名做开发的程序员。

而说到程序员，社会主流的印象就是一个戴着高度近视眼镜，然后盯着电脑屏幕不停地噼里啪啦敲键盘的样子。而根据涂啸煌入职之后他描述的情况，这样的看法不无道理。一来是这个行业的加班情况是非常普遍的。作为一个程序开发者，才开发的产品肯定存在很多不足，在用户体验之后，用户就会把这些问题反馈回来，而这个时候，公司就会要求你马不停蹄地进行改进。对于涂啸煌这样经验不足的新程序员来说，经常一个问题想不出来解决方案就要埋头思考半天，到最后还是得去请教公司里的其他前辈。涂啸煌说，最开始的那段时间，他经常做梦都梦见自己在敲代码，而更可怕的是醒来发现自己确实在敲代码，只不过是睡在了电脑面前。现在距离涂啸煌开始工作已经过去了一年的时间，涂啸煌发现仅凭自己大学期间考取的二级计算机等级证书是远远不够的，行业内还有各种更高深的目标等着他。当然，说到待遇这方面，涂啸煌还是很欣慰的，试想这样一份高强度的工作，如果得不到一份令人满意的报酬，谁又会愿意去做呢？根据涂啸煌透露，现在他每个月除去应扣的税以及五险一金等费用之后，能拿到手的大概在 5000 多元，这在涂啸煌所在的城市来说已经是一份很不错的收入了。对此，涂啸煌并没有感到满足，因为这一年他在偿还了助学贷款以及各项开支之后并没有存下多少钱。他的目标是在五年内争取通过自己的努力达到更高的职位，争取月入过万。

【案例启示】

涂啸煌是一个贫困家庭走出来的学生，大学学费也必须要靠自己工作以后偿还。他选择计算机专业可算是一个不错的选择。涂啸煌的特点是踏实、勤奋、努力，所以毕业之后能够很快地跟着老程序员积极学习，成为一名合格的程序员。作为一个吃青春饭和挣血汗钱的职业，程序员的工作对于贫困家庭的学生来说是一个值得考虑的对象，这个职业不看学校出身，只拼专业实力，收入和付出虽然性价比较低，但是具备成为技术大牛的可能性。当然程序员想通过专业能力挣大钱就不是光靠努力就能够实现的，还需要超高的天赋和超强的数学抽象能力。如果一个考生没有任何的家庭背景，只想凭着自己的努力和付出换来家庭面貌的改变，那么凭着"吃得苦中苦，方为人上人"的信条去选择计算机类的专业不失为一种合理的选择。

【高考志愿填报档案】

主人公：刘　帅　　　　　　　高考时间：2009 年
就读专业：软件工程　　　　　就读院校：某"985"院校
高考分数：610 分

眼前这个人，意气风发地指导着自己部门的工作，再仔细一看，年纪似乎并不是很大。谁会想到毕业几年间，刘帅的职业成长会如此的迅速。别人才刚刚褪去毕业走入社会的稚嫩，而他已经成为项目组的负责人。

就如其他所有平凡的学生一样，那一年青春付出的汗水结成了高考喜悦的果实，刘帅考入了本省唯一的一所"985""211"大学，并报了自己喜欢且比较热门的软件工程专业。为什么选择这个专业，刘帅的答案是不确定的，因为填报志愿时的他对专业的了解程度肯定不如现在，那段时间这专业很火，比较有误导性。不过在网上看了相关信息和听取了亲戚的建议后，他选择了软件工程专业。

暑假一过，经过高考的学生，有的挥一挥手，告别父母，有的在父母的陪同下，都各自开始一段新的人生旅程。就像在途中透过窗外看到的一切，感觉都是新鲜的。刘帅没有父母的陪伴，自己独立开始了大学生涯。

刘帅的大学生活是迷茫的，同时又是幸运的。他没有像周围的其他同学一样，积极地参加各种课外社团活动，而是每天完成学习，除此之外其他的时间什么都没干，就好像那句话说的一样：时间太瘦，指缝太宽。不过刘帅也是幸运的，在每天学习和编程之外无意浏览到的一些新闻，让他对手机系统产生了很浓厚的兴趣。在周围的同学用着 iPhone 时，他却开始了对 IOS 系统方面的学习。一如既往的学习态度，帮助他保持自己的专业成绩名列前茅，英语四、六级，计算机等级考试都凭借着自己的实力一次考过。同时刘帅还保持着对 IOS 系统方面不断地探索，早期的 IOS 方面的中文文献资料比较少，他就阅读英文文献，长期的积累让他对 IOS 有了更为深层次的了解。

因为英语是世界上最广泛使用的第二语言，如今英语也是与电脑联系最密切的语言，英语在软件行业、编程世界里都占有压倒性优势，它能够帮助人们在关键词和代码库的选择上带来灵感，根据 HOPL 编程语言在线数据库的统计，全球有 8500 种以上的编程语言，2400 种起源于美国，600 种在英国发展起来，换句话说，世界上三分之一以上的编程语言是以英语为母语发展起来的。可见对英语的熟练在编程语言中是多么重要。

不间断地学习让刘帅在英语、IOS 系统、编程方面都打下了坚实的基础，他幸运地走在别人的前面，这也与他长期阅读英文文献有重大关系。其他人还在兴起一股 iPhone 手机热潮时，他的视野早就放在更远的地方了。

在大学生活末端，刘帅的实习工作是关于 IOS 系统的。在这里他虽然是个实习生，用行内话讲就是一个 Coder，为了完成工作项目目标，他每天累死累活地编写程序，还要保证自己编写程序的正确性。项目阶段是辛苦的，有可能为了编程任务连续熬夜到很晚。新闻媒体中时常会报道某某软件员经常熬夜致猝死，或者某某年轻程序员经常熬夜衰老如同几十岁大叔等等，这都是这份工作的性质决定的。一个项目为了提前完成项目目标，同时也为了公司在同行竞争中保持优势，连续熬夜是这个行业快节奏所决定的。不过这段实习经验对于刘帅来说收获是巨大的，学校的知识只是为了考试，这里的一切都是为了某个真实手机系统或者是 APP，如果说学校练习的编程是虚无的没有实用性的，那这里的每个 Code 都是具有实际意义的，程序中 BUG 的处理都是需要去解决的。正是在这种不断地实践、思考中，让他对掌握的知识有了更加深刻的理解。不仅如此，公司就像一个巨大的矿藏，同事们早已经是工作几年的程序员，积累的经验是丰富的，刘帅有问题就向同事请教，他像一块海绵，绵绵不断地吸收着自己需要的东西。

毕业后，当同班的同学还在为自己的工作而烦恼忧愁时，刘帅却收到了好几份 Offer，让同学们好生羡慕。最终，刘帅还是选择了某个做 IOS 系统的公司。在其他毕业生还在为拿 3000 元月薪奋斗时，他出校门的第一份工作就是 6000 元月薪，已经成为一个白领。不过这仍是一份青春饭，做项目时候工作压力是很大的，连续熬夜也是家常便饭。在旁人眼中，这是一份体面、令人羡慕的工作，而其中的辛苦只有自己能体味。

连续跟着项目组做了好几个项目后，对大多数的程序员来说这是选择跳槽的好机会，因为跳槽意味着工资的增长。跟进了好几个项目后，经验能力都会有不少的提高，部分人会凭着自己的项目经验直接跟新公司协商新工作，换句话说就是自己给自己开价。这也是对自己能力的肯定和承认。

而刘帅呢，在跟进几个项目后，项目经理发现刘帅对 IOS 的工作效率很高，而且所用的一些方法都是很实用的。别人可能需要跳槽给自己涨工资，而刘帅的工作获得了主项目经理的肯定，在与刘帅交流后，经理发现刘帅对 IOS 系统很有研究，于是工资自然涨到了 8000 多元，工作依然是与 IOS 系统相关的。

在跟进多个项目，不知道熬了多少个夜后，刘帅对自己编程的道路开始有了些改变。自己若是走技术路线，就像现在这样跟进项目，以后有机会成为项目经理或者开发经理，对程序员来说诱惑是巨大的。但是这也意味着自己要具备对新技术的敏感性，需要不断地对新技术进行学习，这也是网络高速的更新换代、优胜劣汰所决定的。而刘帅对于自己以后的规划看准的却是另外一条路，成长为总架构师、总设计师。这不是某种特定的技术，而是偏重对软件产品或者应用的设计，如果将项目开发团队比作一个乐队，那么程序员就相当于乐手，他们负责将自己的乐曲演奏好，项目经理是乐队的指挥，负责协调指挥这个乐队，架构师则相当于作曲家。一名出色的总架构师就如同伟大的作曲家，能够在各种软件中谱写出旋律优美的"曲子"。

在规划好自己的目标后，刘帅开始利用空闲时间学习架构知识。工作上出色的编程能力，对 IOS 深刻的理解，超前的思想，他被委以重任成了一名项目经理。以前只是个完成经理安排的任务的程序员，现在需要从大局上安排整个项目组。以前的项目经验对自己有莫大的帮助，所以他并没有手忙脚乱。对程序的理解，对架构的认知，对整体的把握让这个新的项目经理成为领导交付重任的对象。至于工资，项目经理的他已经月收入上万。

对于软件工作者说来，项目经验的获得是不断积累的过程，为了以后破茧成蝶做准备。刘帅仍然在不断学习新技术，为自己积累经验。目前正在等待合适的机会向架构方面转型。期待着自己能够成为一个"作曲家"。

【案例启示】

刘帅相对于其他大学生来说最重要的启示是，刘帅有一颗技术之心。刘帅善于观察计算机行业发展与技术的动向，IOS 系统的相关知识是高校计算机系根本就不会教授的内容，而刘帅能够自学成才，这足以证明刘帅选择计算机专业的合理性。刘帅并没有参加其他很多的社团活动，在组织能力、交流能力上相对于部分人来说有差距。但是刘帅找准了自己的定位，把自己更多的精力放在对技术的学习上面，当别人还在忙社团工作的时候，他就完全可以通过自己的 IOS 系统知识、编程能力找到不错的工作。但是这个行业的工作压力大，经常熬夜是刘帅需要面对的。当初选择这个热门专业，这种生活节奏是他没有想到的。这也告诉我们，热门专业是否将来毕业后仍然有竞争力，自己是否适合这个专业以后的生活节奏，都是填报专业选择时需要认真考虑的。对于自己的规划，刘帅也是明确的——前期主要是对项目经验的积累，这样才有足够的专业知识、经验转型项目经理、大企业的数据架构师，在不远的将来成为行业的管理者而不是技术员。

【高考志愿填报档案】

主人公：杨小清　　　　　　　　　　高考时间：2011 年

就读专业：数学与统计　　　　　　　就读院校：重庆大学

高考分数：587 分

杨小清出生在偏远农村，白天家里大人都得下地干活，家里大多时候都只有姐姐和他在家，很多事情从小都必须学会自己处理，这也造就了杨小清的坚毅与永不放弃的性格。从小学到大学，杨小清的学习路程可以说是一波三折。小学时，家里经济条件稍微有些改善，家也搬去了县城，可能是因为不适应以及跟不上学校的进度，成绩平平；上了初中，他认识了很多形形色色的人，社会的诱惑对于一个十几岁的孩子来说，完全没有抵抗力，很快就沉迷于网络，甚至在中考的前一天和母亲大吵一架后离家出走；高中迎来了他的转折点，人生的压力与父母的期望让他恍然大悟，于是高中阶段他把几乎所有的时间都奉献给了学习，甚至晚上回到了家里他还要学习到夜里两点。但是很戏剧的是，高考的时候因为太过于紧张，杨小清的成绩并不是很理想，最终被调配到了重庆大学的数学与统计学院。

在大学里，杨小清充分利用较多的空闲时间，参与了很多志愿者活动。在大二的暑假，更是远赴酉阳，做了很多暑期实践。数学的学习不得不说太过枯燥，大学四年所学的大部分课程都是与数学相关的，面对大量的公式与计算，很多人都会对其感到厌烦。因此数学与统计专业的学生考研大多都选择考向其他专业，最后选择数学研究生的学生很多都是推免生。但是事实摆在眼前，数学与统计专业历年来找工作都是一个大难题，甚至在一届毕业生中只有一两个同学找到了满意的工作，而对于大多数学生来说，考其他专业的研究生可能是一条最好的出路。如果一直在数学的道路上走下去，走到最后只有选择当老师或者留校。而在面对这个人生的岔路时，杨小清也彷徨了：选择读研，意味着并不富裕的家庭必须再负担三年的学费与生活费，若选择找工作，很大可能最后会无功而返。

最后杨小清终于下定了决心，在大四开始就自学了计算机与软件的课程，决定利用自己在数理化方面的优势，向 IT 行业进军。对于一个数学专业的学生来说，转行 IT 比其他专业多一些优势：首先，数学与统计专业在大学期间就开设了计算机课程，对于编程基础知识有一定的了解；第二，数学与统计对于逻辑思维训练很重视，而逻辑对于计算机行业也是必不可少的思维方式；第三，数学专业在大三大四的时候课程比较少，有充分的时间用来自学。那是一段魔鬼般的岁月，用他自己的话来说，我一个外行人，花两个月时间去和学习了四年专业的学生去竞争一个职位，很多人都会说疯了吧，但是对于一个信奉"别人笑我太疯癫，我笑他人看不穿"的人来说，这虽然是一次巨大的挑战，可是也得拼尽全力，他在赌，赌很多人大学时光都在虚度，赌自己的人格魅力。这次赌博他是一个大赢家，在很多次面试失利之后，"团800"公司决定接受他，甚至公司的老板亲自见了杨小清，可是杨小清最后还是拒绝了，很多人都不明白，一个刚毕业的学生，工资给你6000元一月，况且你还不是这个专业的，为什么到嘴边的鸭子你还让它飞了？他告诉笔者说：工作的前几年不是真正的工作，或许在小公司里你会得到重视，可是又能学到些什么？事实证明他是对的，最终他入职华为公司，每月工资8000元。

光阴似箭，日月如梭，大四的时光很快便消失殆尽，而杨小清也开始收拾自己的行李包裹，带着对新环境的懵懂与希冀，奔向了成都华为研究所。可是一到公司，就是当头一棒，管理人员告诉他们：别以为你们现在来到华为就代表你们已经是华为的正式员工了，你们即将面临的是长达几个月的培训期，在这期间会对大家的能力进行考查，最后打分淘汰。而此时，杨小清面临了几个大问题：一是大学已经习惯那种不紧不慢的轻松生活，突然面对高压、高强度的工作很可能会吃不消；二是自己只学了两个多月的软件工程，别说实践，自己只是掌握了凤毛麟角，在一群计算机专业的学生中势必会显得自己无能，这不得不说对于以后的工作影响很大；三是华为工作人员的英语水平要求很高，很多时候是需要和外国人交流，而杨小清出生于偏远地区，小学初中高中都没有接受到正式的英语教学。没办法只有硬着头皮上，从入职到现在为止，基本上每天都得六点多起床，很多时候加班到深夜，就为赶上大学落下的进度。

【案例启示】

杨小清属于农村出来的学生，填报志愿之前对所有问题一无所知，也给他的就业带来了困惑。但是杨小清属于自学能力极强且极为吃苦的那一类人，他的选择是相对合理的——读研对家庭是一个沉重的负担，赶紧就业拿到合理的收入才是最重要的。他的选择也非常好，华为公司作为中国 IT 行业的领军企业之一，的确能够给予杨小清改变自身命运的机会。但是这里必须注意的是，杨小清通过自学成才拿到了华为公司的 Offer 并非普遍案例，华为公司的招聘倾向于"985"院校的理工科学生，即使非计算机专业也有机会。另外，华为公司的创始人任正非就是重庆大学的校友，所以杨小清才相对"幸运"地进入华为公司工作。

IT 行业（信息技术）的 SWOT 分析

1. IT 行业的优势

IT 行业是一个快速发展的行业，可以非常明确地说，IT 业是一个新兴的朝阳行业，这个行业随时拥有大量的就业机会与创业机会。因此，对于许多考生来说，IT 行业是一个充满幻想和憧憬的行业，互联网的确存在许多创业机会，很多人也通过创业改变了自己的生活方式。与其他行业最大的不同是，IT 行业尤其是互联网行业是一个造就平民创业英雄的行业，众多互联网公司创始人的奋斗史即是明证。除了涌现互联网创业英雄外，IT 行业也能提供相当多的技术性工作岗位，并且其中一些技术性岗位的收入颇为丰厚。IT 工程师是近年来新兴并且已经相当成熟的职业，最优秀的资深 IT 工程师的收入已经接近于金融顶端投行人士的收入。对于对信息技术相当感兴趣并且向往成为一名标准白领的考生来说，选择 IT 工程师这个职业是一个不错的选择，收入丰厚且拥有相当大的薪水增长空间。如果对于 IT 技术不是太感兴趣，而对于对市场和创业感兴趣的考生来说，选择成为一名互联网创业者也是一种相对不错的选择。在所有行业中，IT 行业的工程师与老板的界限是相当模糊的，即使在一些已经非常大的互联网公司，资深骨干 IT 工程师拥有相当多公司的股份和期权。而在一些小型互联网创业公司，多数骨干 IT 工程师也拥有公司的原始股权。

IT 行业是一个可以以技术创业的行业，并且是一个以技术和创新为主导的行业。相对于中国的多数行业来说，IT 行业拥有鹤立鸡群的优势——创新与创业在中国多数行业是非常态，而 IT 行业的创新与创业是常态，在 IT 行业跑得慢的鱼往往被跑得快的鱼吃掉，而在传统行业，往往是大鱼吃小鱼，垄断欺负非垄断，但在 IT 行业，垄断几乎是一件不可能发生的事情，因为技术创新、知识迭代、颠覆传统是 IT 行业最重要的基因。而更为重要的是信息行业的发展核心就是在打破垄断，构造新的商业秩序和商业模式。最近发展十分迅猛的滴滴快车、Uber 这类互联网企业正是利用互联网技术打破传统出租车行业的垄断状态。而且对于拥有 IT 行业经验的资深工程师创业相对容易，找个廉价的创业场地，拉几个技术员就可以创业了，而传统行业的创业一开头可能就面临着巨大的资金压力。毫无疑问，在目前的社会发展中，IT 行业的创业门槛几乎是所有技术型行业中最低的。IT 行业还有一个特殊的优势——留学美国的信息类专业，毕业之后选择成为美国的一名码农（IT 工程师），这是一条移民的相对捷径，美国的码农年收入 6 万美元起。

从工作环境的角度来说，IT 工程师的工作环境是相对比较优良的，一般只有在一线城市才会存在 IT 行业，二线城市几乎不存在这个行业。一线城市 IT企业的工作地点多数选在比较繁华的市中心写字楼或者政府独立规划的产业园区，一般都是交通便利、环境优良的区域。与经常需要在工地工作、长期到野外勘察、施工的土建行业比较起来，IT 工程师的工作环境算得上真正的白领。其次，IT 工程师的工作时间多数比较弹性，多数 IT 企业对员工的管理以结果导向，不会强行要求员工准时上班打卡。另外，IT 行业还有一个比较特殊的优势，这与媒体行业类似，是一个信息集中的行业，在一线城市的 IT 行业总是能够冒出各种新奇的想法去颠覆传统，而 IT 工程师总是能够最先接触这些颠覆传统的行业商业模式的想法。因此，一些有想法的 IT 工程师有可能以最低的成本创业成功，这是绝大多数行业不具备的优势。

2. IT 行业的劣势

IT 行业的劣势是非常明显的。

首先，IT 行业的知识迭代的速度极快，中国高校几乎都没有相应的技术更新能力，绝大多数高校信息类专业的教学内容均落后于行业的发展。内容落后并不要紧，因为多数知识的基础原则是一样的。问题在于，信息类专业的学生经过高校的培养，大多数信息类专业的学生仅仅掌握了一些海市蜃楼一般的代码编写基本原理，而并没有编写代码的能力。多数高校的学科考试法则并非要求学生学完一门课后会写一段代码，或者完成一个程序设计，信息类专业考试的内容仍然像高中的考试法则一样进行白纸黑字的笔试，考试的内容多数是基本原理和典型例题，这样的教学方式和考试方式在中国高校是主流。这就导致了多数高校的信息类专业大学生很难由高校培养成为合格的 IT 工程师。一个合格的 IT 工程师必须拥有数万行代码编写经验，这是高校集体授课的教学和考试方式没有办法完成的，因此，多数 IT 工程师都是自学成才，利用课余的时间编写程序，或者由入职公司二次培养。如果高校没有培养能力，那么为什么本科要报信息类专业呢？若非对 IT 技术拥有极为狂热的兴趣，一般笔者不建议本科报考信息类专业。因为，选择一个类似于电气工程与自动化这样的专业，既保证了进入电力行业的可能，也可以利用业余的时间学习信息类专业。在许多电气类专业的学生中，不乏转行进入 IT 行业的人才，因为电气工程本身也含有相当多的计算机类、信息类专业的知识，如电力系统控制与自动化这门课程本身就是计算机大类的课程。对 IT 技术狂热的考生从另外一个角度来说，选不选计算机类、信息类专业都无所谓，因为狂热，自然可以自学成才，有无学校老师的帮助都可以。从另外一个角度来说，IT 工程师都是一帮具备高智商的人士，抽象和逻辑能力不够强的考生，一般建议谨慎报考相关的专业。

即使在成功进入 IT 行业以后，IT 工程师的工作也并不轻松，还面临着许多的新技术、新问题，这是一个需要终身快速学习的技术性职业。这与医生类似，但是知识更新的速度远远超过医生这个职业。医生这个职业也需要终身学习，但是就算学习不到位、偷偷懒也不会影响饭碗，只要医生有传统的几把刀和体制内给予的编制，外科医生照样动手术，内科医生照样见人开药。与 IT 工程师类似的职业还有土木工程师、建筑设计师，都是发展相当成熟的职业。但就土建行业而言，这个行业的知识几乎是 50 年以前的，一旦熟练掌握行业基本知识和经验，多数行业的工程师、技术员几乎都可以越老越吃香。而 IT 工程师一旦跟不上行业的技术需求、受不了巨大的工作压力（长达数月的加班熬夜），就面临着职业淘汰、丢掉饭碗。IT 工程师恰恰不是一个越老越吃香的职业，从某个角度说，多数 IT 工程师是越老越不吃香——随着年龄的增长，熬夜的能力会越变越差，随着 IT 工程师家庭时间的需求增多，IT 工程师主观上也不愿意加班熬夜。这是 IT 工程师与许多职业最大不同的地方。此外，IT 行业是一个新兴的行业，发展不到 20 年，多数从业人士都没有遇到养老的问题，而这个问题一旦面临，相当多的 IT 工程师退休金工资单上的数字可能都不会太好看。从这个角度来说，IT 工程师只能算是一个吃青春饭的职业，IT 工程师到一定年龄以后必须转型，否则就会面临社会的残酷淘汰。

其次，IT 技术面对的内容多数是一些枯燥的英文代码，这些代码中存在极为复杂的数理逻辑关系。IT 技术发源于美国，因此程序代码中的英语思维对于中国人来说是非常大的劣势，而印度人的母语是英语，所以在硅谷的印度 IT 工程师相对于中国 IT 工程师拥有更好的发展机会。因此，从这个角度来说，如果对 IT 技术没有兴趣和狂热的追求，一般人很难成为 IT 工程师，即使因为种种巧合被培养成了一个 IT 工程师，这样的职业也不可能做太久。因为 IT 工程师是比会计师、审计师工作压力更大、工作内容更为枯燥的职业，会计师可以选择相对轻松的岗位，而选择 IT 工程师意味着不进则退，对于互联网行业来说，稳定、高薪的工作永远都是不存在的，只有不稳定、高薪和压力巨大的工作。IT 行业大公司的 IT 工程师看起来收入高，但是算到小时薪资来说并没有多少性价比，这样的工作是以牺牲家庭时间、自身健康为代价的。即使年收入达到 30 万元以上，其背后付出的精力和加班时间是普通行业远远不可想象的。因此，IT 工程师绝对不是一个舒适的职业。综上所述，IT 工程师是一个收入性价比不算太高的体制外职业。

3. IT 行业的门槛

IT 行业是一个新兴的行业，是一个相对的体制外行业，对于这个行业来说，体量大的企业多数是民营企业，最典型的代表莫过于腾讯、百度、阿里巴巴、华为、小米、京东。而体制内的 IT 企业主要以中国电子科技集团、浪潮信息、中兴为代表。对有志于从事 IT 行业的考生来说，拥有一个相对业内有名气的高校的毕业证书是进入百度、腾讯、阿里巴巴等互联网大公司的最重要的保证。但是，中国高校对于计算机、信息类专业的毕业生培养数量过多，即使存在大量的需求，实际上名校计算机、信息类毕业生的就业压力也十分巨大，如果没有过硬的编程能力，名校信息类的毕业生也很难在一线互联网公司找到合适的工作。根据统计，目前每年中国高校培养 84 万信息类毕业生，而 IT 行业仅提供 22 万个工作岗位，其中还包括大量的非技术性岗位和初级技术岗位。所以，由于培养质量与市场不接轨、毕业生严重过剩，造成计算机类、信息类专业是大学生就业难的重灾区。

如果对 IT 行业充满热情的考生，非 IT 类专业不选，那么笔者建议选择计算机类、信息类专业的考生重点考虑电子科技大学、西安电子科技大学、北京邮电大学三所院校，若有更好的成绩，浙江大学、东南大学、中国科学技术大学、哈尔滨工业大学、华中科技大学都是不错的选择。如果成绩一般，则考虑邮电系统的高校，重庆邮电大学、西安邮电大学、南京邮电大学。

4. IT 行业的风险

IT 行业是一个典型的体制外行业，风险和收益对等，收益大、风险高，这个行业不存在铁饭碗，也不存在垄断。当然，IT 行业最大的风险还是在于这个行业知识的迭代、更新的速度太快，商业模式与技术创新的博弈决定了许多曾经伟大的公司可能迅速轰然倒塌。诺基亚、摩托罗拉都是手机行业曾经的巨头，不到 10 年即被苹果、三星取代，那么谁又能保证苹果、三星未来十年不被其他的公司取代？百度、腾讯、阿里巴巴都是中国 IT 行业现在的巨头，在它们之前取得成功的新浪、网易、搜狐的市值已经远远不如它们，但是谁又能保证它们将来不会被其他公司取代？即使在体制内目前看来是超级巨头的通信运营商——移动、联通、电信，它们虽然短时间内仍然是行业的垄断寡头，但是谁又能肯定再过十年，它们依然垄断依旧？况且，作为垄断通信运营商的员工来说，失去在 IT 行业的技术生存能力才是最恐怖的事情，一旦通信运营商失去垄断保护的身份，那么危险就会非常快速地来临。1999 年大量缺乏竞争力的国有企业政策性破产历历在目，随着 IT 技术的日新月异，IT 行业是最有可能最先打破央企垄断格局的行业。对于选择 IT 行业的个人来说，面临行业随时可能发生的巨变、技术的更新才是最大风险和挑战。所以，IT 行业应该属于那些敢于在大海中自由翱翔的弄潮儿，笔者建议想舒舒服服过日子、享受时光的考生放弃这个巨变、不稳定的行业。

5 基础建设行业

【高考志愿填报档案】

主人公：程　成　　　　　　高考时间：2006 年

就读专业：土木工程　　　　就读院校：沈阳某传统建筑院校

高考分数：519 分

　　程成是努力一下能过重点线，一直在重点线徘徊的一个人。高考的时候最终还是没能突破重点线。2006 年刚好是重庆考后填志愿的第一年。当年程成看着房地产行业迅速发展，认为个人发展的机会比较多，同时又比较好找工作，就毅然决然地选择了土木工程专业。由于当时的分数没过重点线，本地重庆大学、重庆交大的土木工程专业肯定没戏，因为大家都不愿离开重庆去外地读书，导致本地的分数线比较高。所以选填志愿的时候他也只能选择大家都不愿意去的北方，最终被沈阳的一所传统建筑院校录取。

　　到学校后他才发现，周围的学生绝大部分都是过了重点线的。原来该学校的专业在本地以及其他大部分省市都是在重点批次录取。自己能用二本的分数读个重本的专业，还是比较值的。

　　当时国内的房地产市场以及基础设施建设正在迅猛发展，因为这个行业太缺人了，只要是学土木工程专业的都能轻轻松松找到工作。所以程成在大学里也没怎么努力，反正又不想考研，就正常上下课。挂过科、逃过课，同时也得过奖学金。平平安安度过四年，在大学毕业前顺利进入了一家中字头的建筑公司。

　　在武汉报道后，程成就被分配到分公司，然后下放到项目上，当时公司有个不成文的规定，新员工是不能分配到原籍工作的。在建筑公司绝大部分员工都必须要在项目上进行锻炼。到项目后，本科生一般就是做技术员、工长（施工员）、预算员。技术员偏重技术类型，审前期的图纸、编施工方案、编制进度计划、钢筋翻样、过程中的质量控制是技术员的本职工作。工长则注重现场协调管理，主要安排劳务公司或者班组进行施工，主要以协调资源为主。还有部分则分到预算部学习预算，也就是将工程量算出来、理合同、工程量对量等。根据自己的发展，可以适当选择，还可以主动争取。本科生实习期是一年，当年实习期的月工资大概是 3500 元，第二年转正后月工资到手是 5500 元左右，工资与自己所在项目大小、离总部的距离、职务等有关系。当然国企工资水平大家一样，福利待遇另算，奖金则根据项目盈利情况决定是否发放。除了职位不一样外，工资没多大差距。技术员的发展轨迹是从技术员开始，然后做技术负责人最后升项目经理。工长往上走是生产经理再然后是项目经理，预算员往上走是商务经理，然后是项目经理。其实最终的目标都是做到项目经理。在私企里面工资相对要高很多，但是相应的要付出更多，技术负责人年收入在 20 万元左右，项目经理年收入在 30 万元左右。

在建筑公司，最重要的学习是积累经验，其实房建施工除了超高层建筑或其他特殊工艺施工的建筑，整个建筑技术都已经相当成熟，没有高大上，有的只是按部就班，严格按照规范图纸以及施工工艺的要求进行施工，是绝对不会出问题的。所以你就需要不断地学习工艺、工法。最重要的让自己有一个全周期的项目管理经验。作为技术员在项目上一定要多学、多做，不要整天待在办公室，一定要深入一线施工现场。只有在一线施工现场才能发现问题。多跟工人师傅聊聊天，他们的经验比你在书本上学的更管用。在公司谁也没有义务教你，你要积极主动地向领导要工作任务，不懂的不要闷头做，一定要多问。谁也不会拒绝一个积极主动的人。

平时晚上没事多看看书，别跟着工地里的其他同事一起天天上网、喝酒、唱歌。可以在网上买二级建造师考试或一级建造师考试的书籍，提前准备考试。如果你学习能力够强，当然也可以考一级注册结构工程师或者建筑师，这两个证的含金量是相当高的。多跟总工一起写写论文、编编工法、专利、QC 或者"五小"成果什么的，这些东西不止公司会有奖励，对今后评职称或跳槽都相当有帮助。还有就是职称评定。本科毕业，第二年直接转为助理工程师，但中级工程师则需要考试。有时间就要准备职称外语和职称计算机考试，这些都是中级工程师评审的必要条件。提前准备有备无患。

国有建筑公司因为公司比较大，在全国各地以及国外都有项目，工作地点不稳定，导致人员的流动性相当大。有可能今年你在沈阳，明年就要调到南宁工作。一般工程师找女朋友是有困难的，因为一个项目上也就资料员、材料员以及厨房阿姨是女的，其他清一色全是男的，男女比例大概在 10∶1。那些有女朋友的，因为自己常年在外地工作，异地恋，很多最终分了手。在建筑公司可要做好没有女朋友的准备哦。程成也是好不容易谈了个女朋友，因为异地的原因分手了。

程成看着同事们常常不能回家，终年在外漂泊，一年回家也就只有几次，在家买的房子自己也住不上。再者他不喜欢在异地漂泊的生活，所以向公司申请调回离家近一点的项目，最终调到了成都。由于公司在重庆没有项目，同时家里面也催着他早点回家谈恋爱结婚。程成在成都待了一年后最终选择辞职回家，进了本地一个建筑公司工作。

【案例启示】

程成填报志愿的案例对考生的重要提示——选择报考学校的时候可以认真研究相关专业在当地以及其他省市的招考情况，说不定你也能用二本的分数读一个重点专业，尤其是外省二本院校的土木工程专业在本省很有可能是一本招生，这对跨省选择热门专业的二本考生来说就是一次非常好的机会。另外，考生选择土木工程专业的时候一定要慎重，特别是路桥专业的更要慎重。是否已经做好了常年漂泊在外的生活打算，是否已经有了跟自己的妻子儿女过两地分居的生活的决心，是否已经做好了没日没夜工作的心理准备。如果考生选择了土木工程专业还不想在一线工地工作，希望从事管理和设计工作，那么研究生学历是最低的要求，研究生毕业后工作首选房地产公司和设计院，这些单位能够为土木工程师提供一份白领职位且薪水不错的工作。

基础建设行业的 SWOT 分析

1. 基础建设行业的优势

基建行业最大的优势在于它是一个跟政府密切相关的支柱型行业，中央政府与地方政府都将对基建行业投资作为一个收入二次分配的主要手段，中央政府通过铁路总公司、中国铁建、中国建筑等央企结合金融行业的信贷将巨型工程在全国范围甚至全世界范围内进行合理地配置，以拉动就业、消费和城镇化建设。用最为直接的一句话来形容政府对于基建行业的态度——要想富、先修路。这句话落实到一线城市，就是地铁、轻轨的充分建设拉动房价的提升；如果落实到二线城市，就是高速铁路、高速公路带动地方特色产业与全国市场或者世界市场的融合；如果落实到三线城市，就是县级高等级公路的建设与村村通公路的修建以带动县域、村域经济的扶贫和发展。

除了铁路、公路等基础交通设施的建设，大型水利水电设施、核能发电站、风能发电站都是国家未来基础建设投资的重点方向。因此，基建行业的发展方向是具备十分充足的潜力的，即使房地产行业不景气，国家通过其他基础建设行业的投资同样可以实现财政货币政策和土地金融的最终调控的目标——促进消费、拉动投资、提升就业。在所有行业中，唯有基础建设行业的投资能够迅速带动普通无技术劳动力的就业和收入，而其他的行业都有一定的技术门槛要求，投资到其他行业并不一定能够快速提升就业——每年中国的 1200 万新增劳动力中，接近 600 万人的就业靠基础建设行业的拉动。

对于选择基础建设行业的考生来说，做出选择的方式相对简单——只需要选择土木工程作为专业就可以了，即使分数较低，考生也可以选择一些专科类的院校，同样能够拥有较多的工作机会。土木工程专业可以直接无缝对接成为土木工程师，这是土木工程专业的一个优势——由于土木工程是相当成熟的一个学科和专业，知识的迭代和更新几乎没有，土木工程所应用的知识几乎是几十年前就已经非常成熟的技术和标准。这对于中国的高校来说，最擅长的教学就是教授相对成熟和偏应用的学科，因为经验和知识的积累已经能够解决问题，这也就让土木工程专业的学生几乎都能学以致用，并且基建这个迅速发展和巨型的行业还能够提供足够多的工作岗位给新毕业的大学生——中国目前所有在建的工程量相当于两年中国 GDP 的总和。

同时，土木工程这个领域的技术含量并不太高，大型工程的具体建设主要依靠工程师的实际施工经验，非常明显的是，土木工程师是一个越老越吃香的职业，这也是一个在高校就能学到手艺的专业。土木工程专业学生毕业以后，除了可以选择施工单位和设计单位之外，还可以到业主方去工作，这决定了这个行业有相对多的职业生活方式——想挣钱赚经验的应届毕业生可以去施工方学吃饭的手艺，如中铁集团公司；想坐办公室、不晒太阳、不去工地，在拥有硕士学历的前提下，可以去中国建筑设计院这类公司工作；拥有足够多的施工经验与绘图技能之后，不想晒太阳、不想熬夜画图、不想长期去工地，还要有大量的时间陪家人，那么还可以选择房地产公司或者核电集团这类业主公司工作，指挥设计院画图、检查施工单位施工都是相对轻松的工作。甚至土木工程师还有机会成为公务员，在每年的国家与地方公务员的招录中，不乏看到许多岗位有土木工程专业的需求，如每个地区的城乡建设委员会和市政建设与管理委员会，每年都会招收土木工程相关专业的公务员。对于这些公务员岗位来说，就是业主建设单位招收具有施工经验的专业人员，虽然工作直接收入不高，但是工作的性价比是非常高的——稳定、有地位、轻松、收入并不低，去一趟工地基本上都能在晚上回家之后加个菜。

从收入的角度来说，土木工程师拥有良好的薪酬增长空间，当然这与土木工程师自身的经验和能力有着密切的关系。对于基建这样一个庞大的支柱性行业，资深的土木工程师的年收入不会逊色于医生或者金融行业的中高管。综上所述，基础建设行业是一个不但能够提供大量工作岗位的行业，同时也是能够为优秀的技术人员提供良好薪酬发展空间的行业，并且基础建设行业也是一个能够给予技术人员多种职业工作方式与生活方式选择的一个行业。这个专业的从业门槛不高，对考生自身学习能力的要求也不太高。尤其值得普通家庭的考生选择，同时也值得具有家庭行业背景的考生选择。

2. 基础建设行业的劣势

刚毕业的大学生最大的风险在于工作地点的偏远和对工作环境承受耐力的不确定性。作为刚刚毕业的土木类大学生来说，很有可能就业岗位是在荒郊野岭，修高速公路、高速铁路显然都是在人迹罕至的地方，虽然一个月能够拿到大几千块的工资收入，但是恐怕连消费的场所都没有。对于多数土木工程师来说，工地是主要的工作场所，这与许多白领工作（金融、IT、医疗）比较起来，写字楼的工作环境对于大多数土木工程师来说几乎是没有可能的。唯有设计院和业主单位的土木工程师能够有机会长期在高大上的办公室工作，当然这样的岗位在整个基础建设行业是相对少数的，这样的岗位需要的学历也更高。土木工程师是一个以技术为主导的职业和行业，喜欢纯技术的考生应该重点考虑，喜欢与人打交道的考生、厌恶纯技术工作的考生建议考虑放弃土木工程这个专业。

随着大学的扩招，基建行业本身的大学生也逐渐饱和，这对于土木工程师来说晋升的空间变得难度更大，项目经理这些肥差本身就是稀缺的岗位，竞争上岗的压力是非常大的。对于相当多的土木工程师来说，由于工作环境的恶劣，女生很难适应这样的岗位，而男生却面临找对象的压力，即使找到了可能也是长期两地分居，聚少离多。所以，土木工程师需要面对较长的职业发展初期，熬过这个漫长的初期，找到职业发展的二次起点对于土木工程师来说十分重要。因此，女生学土木工程有一些天生的劣势，如果一定要选，建议学历越高越好。

3. 基础建设行业的门槛

基础建设行业的门槛相对来说是比较低的，专科层次的考生也能够在这个行业非常容易地找到一份收入相对合理的工作，当然这必须以牺牲工作环境和工作地点为代价，如派遣到人迹罕至的沙漠修路修桥。如果土木工程师希望工作环境良好、收入又相对合理，还不长期熬夜加班，那么名校的硕士学历是必须具备的基本条件。应该说，基础建设行业是一个能够为各种层次的土木类大学毕业生提供各种工作条件和合理薪酬的一个行业，这个行业既有体制内的单位，也有体制外的单位，是一个凭本事吃饭的行业。选择这个行业并不会有太大的生存压力和风险，但是如果希望拥有良好的生活环境和方式，那必须依靠考生长期的自身奋斗和修炼。

6 房地产及建筑设计行业

【高考志愿填报档案】

主人公：朝　皓　　　　　　　　高考时间：2003 年

就读专业：建筑学　　　　　　　就读院校：天津城建大学

高考分数：510 分

　　朝皓的父亲在建筑公司工作，在他小的时候去过父亲工作的地方，轰鸣的施工机械和密布钢筋的建筑物给他留下深刻的印象。据说每个人的职业倾向都是在潜移默化中完成的，也许这些童年的经历影响到朝皓以后的职业选择。

　　上初中时，朝皓爱好广泛，读书多且杂，精力旺盛，学习之余什么都愿意去尝试，比如乐器、绘画、书法等等。虽然基本都是浅尝辄止，但是在这过程中也培养了他的审美观。

　　高中时期，朝皓保持很高的课外阅读量。多看书的好处就是思维比较开阔，能以比较广的角度去看问题。高二那年他偶尔在一本书中看见职业测试，于是尝试做了测试，结果显示他的性格适合技术类工作，偏艺术类，比较巧的是建筑师就是其中推荐的一个职业。其实当年朝皓更喜欢计算机，他对计算机行业了解也很多，无论软硬件都觉得可能会做得很好。但是去深入了解了建筑师的职业内容后，朝皓发现建筑师才是他真正愿意一辈子去做的职业。建筑师的职业特点是：技术类，偏艺术，职业成熟周期长，需要不断去学习新的东西完善自己，工作充满挑战性，而且薪水也凑合。当时朝皓就觉得这是为他量身定制的职业。所以高二就把未来的职业道路定了下来。在此建议需要选择未来职业的高中生朋友，如果你有爱好，尽量把你的职业和爱好结合起来。如果不知道自己喜欢什么，那么请认真做一份职业测试，千万不要哪个职业热门选哪个。大学生中有很多完全不喜欢自己专业的，那种痛苦煎熬的滋味不好受。

　　朝皓高考考得不好，不过 2003 年高考变数太多，这分数虽然距离他喜欢的东大建筑学还很遥远，但是普通大学还是有一定选择的余地。在此告诫同学们，高中多花心思学习，多总结学习方法，争取考个好成绩。一个优异的成绩意味着在选择专业的时候你就有了绝对的选择权。

　　建筑学的大学生活和预期的差别很大，估计很多同学在高考前都听老师说过：高中阶段努力学习，到了大学你就轻松了。其实这反映的是一些文、艺方面专业的现象，也许他们考前突击一个星期也能顺利通过考核，但是工科类专业如果你平时不努力，就很可能会挂科。下面重点讲一下建筑学这个专业大学五年在校主要学习什么（没错，建筑学本科是五年制，不是四年）。

　　大学开始就是军训半个月，之后正式开始上课。大一每天早晨六点半学校组织跑步，晚上班级组织上晚自习到 8 点，这点和高中完全没有区别。当时很多同学的感觉就是从一个坑跳到另外一个坑，说好的轻松的五年大学呢？

　　大一和大二的主要课程有：大学语文、高数、英语、政治、制图、计算机、建筑概论、建筑史、素描、建筑设计等，基本每周都排得满满的，如果有空闲时间，朝皓还得做设计课程，还得去考四、六级英语。这两年基本是没有空闲时间的，如果你还想挑战一下自己的极限，那么周六周日去外面写生吧。一支铅笔、一个速写本，畅游整个城市、公园和马路。这两年朝皓是基本失忆的，能记得的就是每天都很忙碌，所以也没有挂科。

　　到大三和大四时公共基础课基本上完了，朝皓感觉轻松不少，这阶段的主要课程是：建筑方案设计、力学、快题、调研和测绘之类的，晚上还有选修课。方案设计是这两年的重点，这两年才是真正开始专业知识深入学习的阶段。一般每周只上三天课，剩下时间都自由支配。但事实是专业课老师课堂布置任务，朝皓得在这个空闲时间去完成，完成的用心程度和成绩是挂钩的，所以朝皓的大部分时间还是在图书馆和专业教室度过。

　　建筑方案设计是什么东西？比如有块地，上面要盖一所中学，教育局提出要求：要有教学楼、办公楼、操场、图书馆、食堂等，而且所有楼外形要漂亮，要突出校园这个主题。方案设计时先用铅笔在纸上画出一个大概的设计思路，每个楼在这块地上的位置及相互之间的关系。这一步做好后再每个楼详细设计，包括房间的尺寸和功能、外观设计等。如果这些都做得满意，那么就用针管笔在 A1 绘图纸上仔细认真地画完每道线。做这个任务的周期是两个月，中间会反复修改方案，比如功能不符合规范要求，外观不够漂亮，比如老师认为你需要修改，这些都是需要花时间去反复调整的。每次上交图纸的最后一个礼拜，朝皓都在专业教室通宵达旦地画图，就为了精益求精，这也算是建筑学生的一个特色。交完图，老师评分——ABC，得到 "A" 是每个努力的学生最满足的时刻。

　　大五一年主要就是实习。当时朝皓找了一个方案设计事务所，老板是海归。那一年设计市场异常火爆，算是房地产行业的一个黄金时期，项目多得都做不完，经常加班。如果摆正心态，把实习当作是一份正式的工作来做，不迟到早退，对工作负责，确实能学到很多东西。这是职业的第一步，一定要认真地对待。庆幸事务所的信任和当时的做事认真，朝皓独立做了不少东西，使他一辈子都受益。结束实习，完成答辩，朝皓的大学生活就结束了。

大学时代的规划一般就是考研和不考研的区别，或者留学。如果决定考研，那么大四上学期就得开始准备。英语需要达到 60 分的水平。专业课多准备，找报考学校的真题来练就行。政治看记忆，一般需要达到 70 ~ 80 分。不考研就实习，毕业后直接工作。

毕业后因为家庭原因，朝皓找了一个设计院的工作留在了家乡，从事设计工作到现在，算算也 7 年多了。这些年房地产市场起起落落，工作时而忙碌时而空闲，职业道路走得也不顺畅，弯路走多了也就有很多经验和大家分享。

1. 职业规划

很多人属于随波逐流型，忙忙碌碌找不到目标，容易迷茫，职业规划相当于给你一个遥远的方向，让生活不那么乏味。一般职业规划在毕业 10 年内就是考注册和进修，工作 3 年后可以考研进修，也可以努力去考一级注册建筑师。长远来讲建筑师一般走两条道路——技术型和管理型，一般工作 10 年左右就会逐渐向这两个方向转变。技术型大概意思就是专心钻研设计，管理型基本靠社会交际拉项目，一般不是那么绝对，但是肯定需要有侧重。

2. 职业精神

做技术工作最需要什么精神呢？认真！做每一件事都全情投入，就叫认真。建筑这个行业，做任何事情都认真的人，成功机会比凡事随便的人大得多。认真对待别人，认真对待自己，认真对待每一件大事和小事。

3. 薪水报酬

这行业收入波动比较大，和市场行情有关系。刚毕业第一年收入大概在 8 万元，第二年大概在 15 万元，其实我觉得这参考价值不大。如果只是想寻求稳定高薪水的同学，建筑学不一定适合你，可能 IT 行业更有价值。但是这个职业可以长期做，经验对收入是有很大影响的，年龄大了不用担心失业问题。

4. 工作环境

设计院工作氛围一般比较宽松，大部分设计人员和社会接触较少，没有太多复杂的人际关系。如果能够准时完成任务，可以有很多时间自由安排，出去旅游也比较容易请假，这些都是经常加班带来的福利。说到加班，设计院加班是常态，很多工程需要在规定的很短的时间内完成，因此就只有加班去完成，这样就需要承受一定压力。

【案例启示】

回顾一下这些年朝皓的求学和工作经历，朝皓有非常大的抉择优势——他非常清楚自己感兴趣的专业是什么，而建筑学这个专业又存在极大的市场空间与发展潜力，那么这样的专业选择就是接近于完美的结果。兴趣是学习和工作动力的保障，你可以在闲暇时间尽量扩大自己的知识面，懂得越多，你就越明白自己的兴趣点是什么，那么可选择的余地也越大。当然我们必须认识到一点，朝皓这样的案例在考生中是少数，多数考生仍然不清楚或者很难找到自己的兴趣爱好，那么笔者仍然强调兴趣作为志愿填报的基本点必须慎重考虑——如果考生的兴趣缺乏市场（如哲学、艺术），或者考生的兴趣不能够非常清楚地描述（凭借感觉来的兴趣），那么兴趣就不能作为本科选择专业的出发点。选择一个符合考生实际情况的本科专业（好就业、符合家庭背景、能挣钱）更有益于考生的前途，考生的兴趣专业最好放到硕士生阶段去考虑。

【高考志愿填报档案】

主人公：姚久州　　　　　　　高考时间：2005 年
就读专业：园林　　　　　　　就读院校：某综合性重点大学
高考分数：578 分

极大的工作热情、敏锐的设计嗅觉、良好的团队精神，这是公司同事对他的评价；俊朗的外表、儒雅的言行、时尚的装束，这是身边好友眼中的他；20岁的心态、30 岁的年纪、40 岁的成熟，这是他无厘头的自嘲。他，目前就职于国内某顶级景观设计师公司，现已是多个房地产大中型项目主创设计师及负责人。他，将"我的人生经历中，找不到可以称之为卓越的艺术资质，只有与生俱来的，面对严酷现实，决不放弃，坚强活下去的韧性"视为人生格言。他，名叫姚久州。

高中时的久州学习成绩不错，高考成绩超过重本线 30 多分，因为自身有一定美术基础的原因，跟父母商量后，便选择了某重点大学园林规划与设计专业作为第一志愿。收到录取通知书的那一刻，与那些对园林专业的研究内容、发展方向处于迷茫和未知状态的同学不同，久州的眼前是一片明晰而开阔的视野。

离开从小长大的故乡，远赴西南，久州的大学生活就此开始。经历了大一的青涩和适应，二年级的他已能将自己的时间合理安排，除了课堂和图书馆外，篮球成为他业余生活的重要部分。打球归打球，久州的专业学习却一点都没松懈，由于对画法几何很感兴趣，久州经常替别的同学做作业，一份作业久州可能要画三五遍，这使他的绘画技法越来越熟练。专业课考试，久州的成绩在全年级名列前茅，其景观设计作品在校级竞赛中获得一等奖，并连续两年获得国家奖学金，毕业时，优秀毕业生的殊荣也收入囊中。扎实的专业基础、对景观设计不懈的追求以及在校期间的各项荣誉，顺利为他敲开了保研之门。之所以选择保研，久州认为：一是能够再进一步系统学习、充实理论基础；二是能以自己感兴趣的领域进行课题研究；三是保研学生 2 年制的时间安排更加紧凑、合理，能更早步入社会接受历练。

两年的研究生生活，正如自己设想的那样充实而紧凑：第一年多以课堂学习和自我涉猎为主，相比本科阶段宽泛、概括的理论学习，这一年的专业学习更加系统、深入，一个人在图书馆泡上一整天是常有的事，浩瀚书海，不断求索，当自身的灵感与经典的设计碰出火花时，久州心中设计师的梦想又离自己更进一步了。第二年，除了认真准备毕业设计，久州抓住每一次校内实习的机会，参与实际的项目设计，提升自己的实战本领。研究生阶段积累的学习体会、实践感悟及经验教训成为他步入社会进入设计行业的宝贵财富。

校园招聘上，久州凭借良好的设计能力及设计表达能力、突出的手绘能力、熟练使用 Photoshop、CAD、Painter 等辅助软件的能力杀出重围，经过三轮严格的筛选面试，最终成功应聘某知名设计公司助理设计师职位。虽然待遇相对理想，久州并未因此表现出过度的喜悦，只是平静地将消息告诉老家的父母，以免他们惦记。久州深知，别人眼里景观设计师或许是份轻松、自由、高薪的工作，但实际上，曾经手绘时画坏的那些画板，书桌前高过头顶的专业书籍，电脑前的夜以继日通宵画图，隐隐作痛的手臂和脆弱的颈椎，这诸多的艰辛和磨砺，只有经历过的人才真正理解。

初入职场，与大多数人一样，久州同样遇到"学校里学到的东西太少，仅仅是一些皮毛，连绘制一张施工图也有很多不懂的地方"等诸如此类的困惑，但他深知，要想成为一个优秀的设计师就必须戒除浮躁情绪，一步一个脚印地走。他先从助理开始，逐步了解施工和材料的工艺，同时，跟着成熟设计师学习功能布置和造型手法的原理，因为专业基础扎实、领悟能力强，加之平时注意设计技巧、表现手法、案例分析以及行业资讯等方面的积累，仅仅 3 个月，久州就度过了自己的学徒阶段，这期间老设计师常挂在嘴边的那句"你不应该让别人告诉你我要什么，而该自己去思考！"对他影响很大。经过初级阶段之后，久州完成了大量的实际操练，他开始尝试幕后设计或者直接面对客户锻炼自己，首先从模仿入手，吃透、弄清原理，看别人的作品，总结自己的感受，进一步内化为理论，同时，通过不断地阅读和学习提高自己的品位、阅历以及人文积淀。经过近一年的积累和提升，他对整个园林设计体系的感知逐渐清晰，他开始走出工作室去关注人，关注自然，开始不完全依赖材料市场而是向生活要材料，他的作品变得更稳定更严谨，同时也有了精神张力。显然，他已具备了独立承接和完成项目的能力。随着实践经验的不断丰富，他主持的项目逐渐增多，4 年多来，作为项目主创设计师完成项目 20 余项，工作业绩得到了领导的肯定，也成为公司优秀年轻设计师的代表。

【案例启示】

园林设计师不属于农业行业，而是高大上的房地产行业与基础建设行业的必需职业之一，因此园林设计师是一个性价比非常高的职业。建筑学专业的分数在同等条件下至少要高出园林专业 40 分至 50 分，对于考生来说，报考建筑学专业如果有难度，那么选择性价比更高的园林专业是一种相当不错的替代选择。另外，许多建筑类的名校本身也开设有风景园林专业，如同济大学、重庆大学的建筑学院均开设有风景园林专业。在毕业找工作的时候，风景园林专业的毕业生从某种角度来说可以视为建筑类专业的毕业生。所以本案例给考生和家长最大的启示还是在于行业的选择重于专业和学校的选择，对行业的合理规划能够大大提高志愿填报的录取概率与收益。

【高考志愿填报档案】

主人公：吴　曼　　　　　高考时间：2007 年
就读专业：园　艺　　　　就读院校：某著名农业大学
高考分数：565 分

吴曼是一个非典型"80 后"女孩，出生在一个上有姐姐、下有弟弟的"大"家庭，大概是因排行老二的缘故，吴曼从小都听话懂事、踏实肯干，这也造成了她近乎"逆来顺受"的性格。在吴曼的认识里，形形色色的人大致可划分为三类：一类是出类拔萃，马到功成；一类是个性独特，跌宕起伏；还有一类就是中庸之道，按部就班，人生轨迹没有大起大落，日子过得平平淡淡。她觉得自己就是第三类人，上课从不会主动举手，考试也永远不会挂科，大多数人中的一员，放在人群中，大多时候都只是配角。

吴曼高中时读的是重点班，平时学习很努力，是班里的乖学生，不迟到不早退不贪玩、按时完成作业、周末在家看书复习，考试成绩中上。家人劝她说，一个女孩子能考个重本就行，不用给自己太多压力，她却因此而感到失落，因为在她看来，自己再怎么努力也不及"别人家的孩子"优秀。高考时，她很幸运，刚好上重本线，一分不多一分不少，还上了县政府大楼前的光荣榜，虽然要倒着找。

吴曼的父母经商，姐姐高中毕业就被安排到收费站工作了，家里面还没有出过一个大学生，她算第一个。填志愿的时候，家人没有参与，她一片茫然，这刚上重本线，好点的一本没把握，退求二本又觉得很亏。有一天一个同学告诉她，打算报中国农业大学植保专业，他环保局的老爸分析农业将是未来发展重点，还给她推荐了另外一所重点农业大学。她回家后翻开志愿书，想都没想就填了那个地处西部的国家"985"工程和"211"工程重点高校，后来才悔恨那时候怎么不知仔细研究专业的学习内容、就业前景。

果不其然，吴曼被第一志愿学校、第一志愿专业——园艺学录取了。录取后，家里渐渐出现了不同的声音，亲戚朋友说，农业有什么可学的；年迈的奶奶说，一辈子都是农民，自己的孙女还要去学农业；父母说，农业大学听起来不好，还是复习上个别的大学。吴曼陷入了深思……开学时她还是拖着行李箱到了800公里外的学校报名，原因很简单，她不想复读。去了学校她才明白，园艺专业学习的是蔬菜、水果、花卉、茶学，虽然与自己理解的相差甚远，但她一直记得学院前的那句话"科学与艺术的结合，环境与生活的美化"，吴曼的园艺之路就此开始。虽然自小生活在城里，但节假日会经常回农村给务农的奶奶帮忙，所以，她倒不会是那种韭菜和小麦都分不清楚的城里娃。大学四年，有人在对专业、学校无休止的抱怨中度过，也有人既来之则安之，在不断地学习和提升中进步，吴曼属于后者。当然，一些优秀学长学姐的建议也对她影响颇大。一进校她就竞选了团支书、当了辅导员助理、进了社团协会、加入了篮球队，同时综合基础与专业知识也都没落下；大三那年，她和中国农大的高中同学约好了一起考研，只是她的同学准备换专业，而她继续选择了园艺；大四，她跟着一个严厉的导师做论文，舍友都在宿舍玩电脑看电视的时候，她则去农场自己种番茄，从配基质、育苗、绑蔓、施肥、用药，每一个环节都是自己参与。一年的认真实干，不仅得到了老师的肯定，她也为自己一步步积累的知识而欣慰。

研究生阶段，吴曼顺利考入华东地区一所综合性大学。选择了一位对科研执着追求、精益求精的导师，他强调研究要真正为社会所用，而非仅为发表高影响因子的论文，从基因的分离、克隆、功能验证到发表SCI（科学引文索引）文章，听起来很不错，对学生顺利毕业、老师职称评定很有用，但对现阶段农业进步的贡献却十分有限。除了寝室、教室、图书馆、试验田外，吴曼的生活里又多了一个叫"实验室"的地方，下地和做实验成为每天必不可少的工作，此外，每个月例行的研究汇报，也让她压力颇大，但无形中却提高了她制作PPT以及自我表达的能力。研究生三年，吴曼在四五十度高温的大棚里晕倒过，在骑电动车去基地的路上摔过，一个女孩子扛过20包基质，也曾连续一个月忙于电泳标记，每天只睡五六个小时……每每想起辛苦的日子，充实、珍惜、感激、失落等复杂情绪便涌上心头。那些大学一毕业就进入IT、金融、机械、建筑的同学多么让人羡慕。羡慕归羡慕，第二天，还是做着自己应该做的事情，坚持着她的选择。

研究生毕业，仕途、从商和学术三条道路摆在吴曼的面前，是考取公务员进入行政单位、跟随父母踏进建筑行业，还是自食其力做出点事来，思索再三，吴曼将简历投到了家乡的市级农业研究所，委属于当地农业局。经过考核、面试和实习，吴曼顺利地进入农科所上班，单位虽地处乡镇，研究水平也有限，但是唯一的好处就是离家近、工作相对轻松且事业单位的性质稳定。这次家人没有再说什么，只是别人一旦问起，他们的回答都是说在农业局工作，别人总会投来羡慕的眼光。她冷冷地看着这一切，把自己所有的精力都投入工作中，她没有什么远大理想，只希望靠着踏实的每一步走出人生的每一个大步。进入单位后，她并未因为自己是研究生就自觉高人一等，而是谦虚地向单位前辈学习，不断积累实践经验，是金子总会发光，上帝会眷顾每一个努力的人。三年以来，她凭借扎实的专业知识、过硬的实验技术、踏实的工作作风，不仅获得了领导的肯定，也收获了区级科技拔尖人才、优秀青年工作者等荣誉。现在，作为市、区重点科研项目主持人的她又计划攻读在职博士，进一步提升自身的专业水平和实践能力。

园艺、读研、搞科研，自己选择的路就该勇敢向前。吴曼觉得，她之前在学校、社会学到的每一样东西，吃到的每一分苦，在后来的工作中都一一回报了她。她说她从未后悔过，相反，现在工作了，每次别人介绍她是研究生，常常投来羡慕的眼光。或许真的应了那句话，三百六十行，行行出状元，她未曾觉得学农业就应该言不启齿，而应该就算是你觉得这条路错了，也要用自己的勤奋与踏实，走出一条正确的路。浮躁的人太多，急于功利的人也太多，作为农业工作者，当学为所用，学以致用，把文章写在大地上。正如卡耐基所说："发现你自己，你就是你。记住，地球上没有和你一样的人……"

【案例启示】

园林和园艺仅一字之差，但是就业的行业却差距极为巨大。园林是房地产与建筑，但是园艺却是农业研究，两个行业的差距造成了两个专业截然不同的生活方式与收入差距。甚至在许多农业类院校园林专业与园艺专业是属于同一个学院，但是在就业的时候房地产企业和建筑设计企业是一定不会把园艺专业当作园林专业来看待的，这导致园艺专业虽然有相当多的课程与园林相似，但却很难从事园林方面的工作，这也算是我们高校设置专业的"奇葩"。虽然中国高校都号称要用通识教育来对待所有的学生，但是在毕业文凭上却必须用清晰的文字表述毕业生的专业，而不能发一个大类专业的毕业证来帮助学生就业。

这对于考生和家长来说，必须要认识到在中国的国情下优质的教育资源、好专业的毕业文凭、垄断行业的就业机会始终是被计划管制的，为什么国外高校允许学生自由选择专业，但是中国绝大多数的高校始终不允许学生自由选择专业，正是因为教育资源的不均衡导致的结果。如果吴曼提前知晓园林和园艺的差别，她很有可能选择的是另外一种人生。

房地产及建筑设计行业的 SWOT 分析

1. 房地产及建筑设计行业的优势

建筑设计行业最大的优势在于——建筑设计是建筑行业的核心岗位，它们是旧城市改造、新城市建设的设计者、构图者，而其他类似于土木工程、工程造价、环境与能源工程、给排水工程等均属于工程类的专业，这些专业仅考虑怎么实施和完成工程的问题。建筑学专业是所有建筑土木类专业的核心和龙头，建筑设计师考虑的是为什么做、做什么建筑、怎样做更好的问题。另外，建筑学专业并不是一个纯粹的技术专业，虽然大学本科学习期间的多数学习内容是跟画图相关的设计工作。而且，对于刚参加工作不久的建筑学专业的大学毕业生来说，主要的工作也是根据单位的需要构造建筑图纸。但是，随着工作时间的推移，相当一部分建筑设计师的工作开始发生转变，建筑设计师开始更多地考虑建筑的综合经济效益、测算与规划。例如，房地产开发商经过政府的招挂拍买到土地以后，如何对土地进行建筑规划与定位可能是作为业主单位（房地产公司）最首要要考虑的"技术"工作。尤其随着近几年房地产市场的过度开发以后，大量的未经科学规划的重复建设住宅面临着市场的淘汰，普通住宅供给的过剩对房地产开发商带来巨大的市场冲击。那么对于建筑设计师来说，如何经营土地，实现土地上建筑的最大综合效益开发，才是最重要的考虑对象。建筑设计师工作到了一定阶段以后，他的工作更像是帮助政府来经营一座新的城市，实现土地开发的综合效益最大化。这里面的工作不但包括简单的建筑形式图纸设计，还包括更重要的建筑定位等软性的未来规划——养老型地产、商业综合体、改善型住房、高端住宅。所以高端的建筑设计师更像经营房地产的高级管理者，他们通过自己的知识、思想去表达某个特定时间、空间最合理的城市规划和经营——如何让一片原本荒芜和人气低落的土地根据科学经营而变得繁华和充满经济活力。

从工作环境的角度来说，建筑设计类的毕业生多数都在设计院、设计咨询公司、房地产公司这类公司工作。与土木工程师最大的不同是，建筑设计师几乎不用上工地，多数的工作内容以画图和与人沟通为主。类似于房地产公司作为业主单位的建筑管理人员来说，他们的工作相对更为轻松，主要是管理设计单位根据业主单位的需求进行建筑图纸的设计和修改。房地产公司的建筑设计师并不需要成为建筑设计大师，他们的工作更多的是策划和规划，以及具体的建筑需求技术管理，对乙方的设计图纸提出业主单位的建筑技术需求，但是收入相当丰厚。作为设计院、建筑设计咨询公司的建筑设计师来说，他们的工作相对简单——根据业主单位的要求画图，对已经产生的建筑图纸进行修改。说得更形象一点，初级的建筑设计师就像城市的构图者，他们根据业主的需求"画出"城市的外貌——我们看到的城市形象外貌几乎都出自他们之手：医院、图书馆、商业步行街、学校教学楼、政府大楼、住宅小区等等。所以建筑设计师的工作就是白领的典型：收入丰厚、工作环境优良（长期出入高档写字楼）、事业具有稳定的发展潜力。

另外，从高校培养的角度来说，目前来看建筑学仍然不是一个过度扩招的专业，全国多数省份开设建筑学专业的院校并不多，建筑学专业在整个建筑行业的供给处于相对平衡的状态。除此之外，建筑学专业也是一个十分古老的专业，中国自古以来就是东方建筑设计行业的典范，日本、韩国的建筑设计均源自中国的建筑思想。故宫博物院、中南海皇家园林、苏州园林都是中国建筑史的典范。因此，即使没有现代高校的培养，建筑设计师也是一个古老而成熟的职业。而中国的高校具备培养合格建筑设计师的能力，这也是一个难得的手艺专业——经过高校本科阶段学习以后，多数本科生都能成为一名合格的建筑设计师。值得注意的是，建筑学恰恰是一个不需要读研深造的专业，这是一个需要尽快进入实践工作的专业，在市场中学习知识和积累经验远比学校的学习更加有用。多数专业读研的原因是相同专业的本科生严重供给过剩，相关行业无法吸收过剩的大学生，而并非读研学到的知识更加有用，但是建筑学却不存在供给过剩这个问题，换句话说，建筑行业能够为建筑学专业的应届毕业生提供足够多并且相对丰厚的薪水，也能够为之提供足够多的发展空间——无论是薪酬的增长空间还是个人专业能力的发展空间。与之对比显得劣势的相近专业是土木工程，这个大类专业的供给量非常大，本科生和专科生几乎只能进入施工单位，想进入设计系统或者业主单位的土木工程毕业生一般必须具有硕士以上的学历。

2. 房地产及建筑设计行业的劣势

近几年，房地产领域进入了一个缓慢发展的时期，但是房地产行业与基础建设行业一样同属国家的支柱行业，是政府的命根子，放缓不等于夕阳和没落。因此，在经过十年的粗放式发展以后，房地产行业的许多产品显然进入给过于求的时期，那么对于建筑设计师来说综合挑战就更大。目前相当多城市的建筑行业正面临着行业的第一波洗牌，一些中小房地产企业面临破产，许多建筑设计院也在大量裁员。上述事件在许多二线、三线城市变得更为普遍，一些被称之为"鬼城"的区域可能正是房地产行业进行内部调控的表象。因此，一些水平一般、能力较差的建筑设计师可能面临失业的风险。考生和家长必须意识到，虽然建筑学是一个手艺专业，但是这个专业多数毕业生的工作是完全市场化的体制外岗位，既然是体制外的职业，那么就会面临着失业和裁员。建筑设计师的发展并不稳定，与医生这类刚需比较起来，建筑学的发展面临行业的波动和洗牌，收入也不会一直高涨。

从技术含量的角度来说，纯设计类的初级建筑设计师更容易受到行业的波动影响而导致收入降低甚至失业，因为建筑设计本身并不是一个技术含量特别高、无法替代的专业。许多房地产公司通过自身数据库的挖掘和建模，已经开发出许多成熟的建筑数据模型，尤其是刚需小户型和别墅等产品更容易模式化，这种计算机学科与建筑学科交叉发展的模式可能会进一步减少对初级建筑设计师的需求。以前必须初级建筑设计师画图设计的普通住宅，以后这类工作可能直接替代为通过计算机大数据的挖掘而生成合理的建筑图纸。而经过市场竞争和规划洗礼的高端建筑设计师更能得到市场的青睐，因为计算机数据库仅能"计算"和"设计"建筑的外貌、结构和成本预算，而建筑的功能、定位却必须依靠高端建筑设计师进行设计和规划。

对许多人来说，建筑设计师仍然是一个吃青春饭的职业，尤其是刚刚毕业的建筑设计师可能面临着长期加班熬夜画图的职业初期。对于有天赋的建筑设计师可能很快能够进入业主单位工作，也有部分极有考试能力的建筑设计师通过考试获得一级注册建造师资质，这个资格证书是国内最有含金量的证书之一，在一线城市仅靠"挂证"就可以获得 10 万元以上的回报。但是对于刚毕业的建筑设计师来说，工作就是"不在画图、就在画图的路上"，甚至连查询银行卡余额的时间都没有，每天的工作就是对着电脑进行繁复的画图。因此，对于一些"纯技术流"的建筑设计师的收入主要靠熬夜加班画图来增加收入，这些增加的收入可理解为普通白领靠着透支身体的健康而获得的血汗钱，对于多数人来说并不能长久。

3. 房地产及建筑设计行业的门槛

建筑设计行业的最低学历要求是——建筑学、本科，建筑学的小类专业：建筑环境与能源工程（中央空调设计）、给排水科学与技术（水网管道设计）、工程管理（工程资金预算与规划）这三个专业门槛相对更低一些。但是，近十年来笔者对全国的建筑学专业进行了统计和分析，几乎拥有建筑学专业的高校录取分数都是相当高的。二本高校建筑学的分数超过一本线或者接近一本线几乎是常态，一本高校建筑学专业平均超一本线 50 分以上。所以，建筑学专业与临床医学专业一样都是近年来扩招不多，但竞争极其激烈的专业之一。另外，北京、上海、广州、深圳等一线城市的相关院校开设建筑学的非常少，但行业需求量大，竞争更加激烈。北京仅有清华大学、北京建筑大学、北京工业大学、北京交通大学四所院校开设建筑学专业，而作为首都北京的城市建设量相当于整个欧洲的建设量，建筑学在一线城市的需求程度可见一斑。但是，不论何省份，北京、上海、广州的高校录取分数都要比同等实力的二线城市高校高出 20 分至 30 分，而建筑学专业的录取分数更高。所以，如果希望选择建筑学专业的考生，应该把学校降两个档，可以上"985"普通专业的学生，可以考虑一线城市北上广的普通重点院校（非"211"）的建筑学专业；可以上一本普通院校的考生，选择二本高校的建筑学专业也是一种不错的选择。

若选择建筑学专业，一般建议分数足够高的考生考虑建筑老八校：清华大学、同济大学、东南大学、天津大学、哈尔滨工业大学、华南理工大学、重庆大学、西安建筑科技大学。上述八所院校的录取分数非常高，一般最低的西安建筑科技大学或者重庆大学均需要全省排名 1500 名以内。如果达不到这个分数，笔者一般建议考生选择一线超级城市的普通院校建筑学专业，或者二线发达城市的建筑学专业，如北京建筑大学、成都理工大学、重庆交通大学、广东工业大学等的建筑学专业。

7 发电行业

【高考志愿填报档案】

主人公：王紫扬　　　　　　　高考时间：2009 年
就读专业：热能与动力工程　　就读院校：天津理工大学
高考分数：588 分（理科）

　　王紫扬从小就是一个思维活跃、知识面广、动手能力强的人。汽车、火车、飞机，他像所有男孩子一样对这些机械着迷。小时候，父亲时常带着他一起去上班，上班的地方有个火车货运站台，父亲就经常带他看火车，跟他讲解火车车厢是怎样连接，火车是怎样保持在轨道上行驶等等这些知识，那时的他，对这些庞然大物充满好奇。王紫扬上学的时候一直喜欢看自然科学杂志和探索发现类节目，在高一的时候甚至开始尝试着去阅读《浅议相对论》《化学哲学新体系》这种学术入门书籍。家人对他的这些爱好也非常支持。在读中学的时候，他甚至在家里建了一个小的化学实验室。

　　看到这里，你一定会觉得学生时代的王紫扬是一个非常偏理科的人。其实不然，他上高中的时候虽然学的是理科，但是由于高中学业水平测试的缘故，高一高二一直都安排有政史地等文科课程，他还当过一段时间的"政史地课代表"。他没有因为高考不考这些科目就放弃对这些科目的学习，从长远来看，他那时学习的这些知识，在后来对于丰富自己的知识体系，拓展分析问题的思路等都很有帮助。

　　在高中时，王紫扬的成绩并不突出，处于中等偏上的水平。而安徽作为高考大省，升学压力非常大。高考之后，选择报考的学校和专业也是一个非常纠结的过程。而考生能获得有关大学各专业的信息非常有限和片面，同时又要权衡城市、学校、专业的利弊，想把自己高考成绩的每一分都体现出价值。那几天，王紫扬每天都通过网络、书刊了解各院校和专业的信息，也时常咨询老师和亲友。在王紫扬的眼里，热能与动力工程既是一个老专业又是一个新专业，既是一个冷门又是一个热门。说它老，是因为热能与动力工程所涉及的火力发电、集中供暖、内燃机等等行业都已非常成熟；说它新，是因为看似成熟的热能工业其实在诸如新能源、热效率、余热利用等很多领域还大有可为；说它冷门，是因为这个专业长久以来给人的刻板印象；说它热门，是因为几乎没有哪个行业能跟能源二字脱开关系。经过了更深入了解，最终王紫扬敲定了这个专业。王紫扬认为：大多数人高考后选择院校专业都是一个十分仓促的过程，因高考前专心提高成绩无心顾及，而考后的短暂数日很难对各种专业和行业有深入地了解，父母、老师的建议往往和考生自己的意愿也有偏差。王紫扬在选择专业时，更多关注的是这个专业都学习哪些课程、将来从事哪些行业、什么岗位的工作，相关行业有哪些职业发展方向，借此对专业有一个深入的了解。因此我们也说，选择大学专业，可以说是第一次真正的职业生涯规划。

进入大学阶段，热能与动力工程可以分为很多专业方向，大方向可以分为"冷方向"和"热方向"，冷方向又可细分为制冷、通风、干燥、建环等等，热方向则主要是热机、换热、供热等。在这个阶段，选择不同的专业方向，所设置的专业基础课也就有了区别。不过，王紫扬说："工程热力学、流体力学、传热学，这三门课程可谓热能专业的看家本领，将来往哪个专业方向发展都应该学好这三门课。"大学的最后半年是王紫扬做毕业设计的时间，那段时间，王紫扬过得黑白颠倒，但回过头来看，那段时间积累的知识和经验，在找工作时帮了大忙，甚至在后来很长一段时期都令他受益匪浅。那段时间，王紫扬做的毕业设计课题是集中供热，正是那段时间，王紫扬查阅了数十本参考资料，关于供热的国家标准、设计手册、不同版本的供热工程，以及涉及建筑、环境、设备等多个方面的参考书，越是看的书多，越是觉得自己的学识浅薄，越是觉得学好大学基础课程的重要性。因为在实际应用中，很多理论或者经验性的结论是直接应用的，如果基础知识没有掌握，就会影响对结论的应用，还需要花时间和精力去验证和计算。也正是那个时候，王紫扬发现，其实大学所学的专业内容很少，很多都只是概论和导论之类的课程，如果想达到一定的专业水平，还需要自己更深入地学习。

大四找工作的过程还算顺利。王紫扬大学四年的成绩还不错，四年没有挂科，每年都拿奖学金，再加上做毕业设计时参阅过很多专业书籍，在面试的时候对面试官提的问题可以说是对答如流。学校的招聘会、校园招聘的网站，王紫扬都积极投简历，获得了不少的面试机会，得到了几个工作 Offer，这也让自己有了一些选择的空间。最后，王紫扬选择了一家学校所在地的火电厂。其待遇属于中等偏上的水平，工作三到五年后，王紫扬单位员工的普遍年收入都能达到 10 万元至 20 万元。

工作以后，王紫扬发现热能与动力工程的工作从事设计、管理类的可能加班较多，从事运行类的时间比较固定，但有的岗位会有夜班，一般是五班三运转或者四班三运转。随着整个行业自动化水平的提高，大部分岗位环境并没有想象中那么艰苦。有些一线检修、场站建设等比较辛苦的岗位，当然这些岗位的薪资也会比其他岗位高出不少。

【案例启示】

王紫扬在志愿填报的过程中已经相当有意识地从行业角度制定高考志愿填报方案，同时也兼顾了自我"物理探索"的兴趣发展方向，最后顺利地被意向中的热能与动力工程专业录取。热动这个专业的工程师属性也完全符合王紫扬的自我定义，应该说王紫扬的志愿填报与职业发展历程是一个相当成功的案例。王紫扬的高考分数并不低，但是录取的学校不是"211"工程大学，仅是一个普通的重点大学，录取的专业应该属于天津理工大学最好的专业之一。从这个志愿填报的案例我们不难看出，追求好专业、热门专业必须要牺牲学校的档次。王紫扬的职业发展过程算是十分顺利，所以从这个角度来说，王紫扬的志愿填报是科学和合理的。

发电行业的 SWOT 分析

1. 发电行业的优势

电力是国民经济最重要的组成部分之一。电力作为能源的主要组成部分，是衡量社会发展水平最重要的指标。作为央企的五大电能投资公司（中国电力投资公司、中国大唐集团公司、中国华能集团公司、中国华电集团公司、中国国电集团公司）占据中国发电行业绝大部分的份额，不论从行业的稳定性，还是从行业的垄断性，以及行业的发展性等角度综合来看，发电行业的核心岗位都是社会的香饽饽。换句话说，只要 GDP 在增长，能源的需求就会增加，能源的相关人才需求量也会稳定增长，那么每年发电行业都能够提供充足的工程师岗位给热能与动力工程等相关的发电类专业大学毕业生，显然这是一个值得考生选择的、待遇相对丰厚的、充满潜力和良好发展前景的好行业。

作为电厂的相关专业而言，热能与动力工程、水利水电工程、核工程与核技术分别代表了几大发电模式的核心专业。热能与动力工程最早作为火电的核心专业（原名锅炉工程），其发展方向更为广泛，不但在火电行业拥有大量就业空间，同时也可以在核电行业、石油行业、化工行业、汽车行业、家电行业找到许多就业空间。因此，热能与动力工程专业是能源转化最重要的一个基础专业，也是工业领域最重要的应用型专业，它涉及各种能量形态的相互转换，具体来说它研究能量的转化与供应、温度的控制、燃烧的效率等等工业领域最重要的要素。所以毫不夸张地说，热能与动力工程是工业领域最重要的核心专业之一，另外三个要素专业分别是电气工程、机械工程、计算机自动化（这三个专业本书在相应章节独立介绍）。热能与动力工程师的发展方向既有发电企业的高级工程师，也可以去向电力设备制造企业，如东方电气、上海电气、西门子电气、施耐德电气，这些电气设备制造企业是发电企业最重要的设备供应商——它们负责发电设备的制造和维护。所以，热能与动力工程师可以根据自己对环境的适应能力选择相应的企业就业——既可以选择成为一名央企的技术工程师，也可以选择成为一名外企或者民企的技术工程师。对于具备较高情商的热能与动力工程师来说，工作一段时间后，他们还可以选择从事电气设备的销售工作，这样的工作收入更为丰厚，并且具备更快的业绩晋升空间。除了选择在企业工作以外，热能与动力工程师还可以选择进一步读博士做研究，取得博士学位以后成为一名高校教师的概率更高。

笔者必须着重强调，热能与动力工程师是社会的核心职业之一，与医生类似，技术含量高，但这个职业的发展方向却比医生更多，行业选择面更广。

如果换一种方式来描述，热能与动力工程师是能源的转化者，这个职业关注各种含有能量的物质，并将这些能量用效率更高的方式转化为工业、生活、商业等各个领域可使用的电能。这个职业是最典型的工程师职业，与土木建筑行业比较起来，行业发展的稳定性更强，职业的可塑性更强。因此，不论走科研的道路，还是应用工程师的道路，或者出国读书、工作，热能与动力工程师都拥有相对多的选择。从收入的角度来说，发电行业作为央企垄断的行业，收入高于社会平均数，并且具备可增长的空间。从培养的角度来说，热能与动力工程专业属于传统的老工科专业，多数工科高校具备久远的培养历史，算得上一门手艺专业，毕业以后不怕找不到饭碗。另外，热能与动力工程的培养门槛较高，这个专业也不属于扩招泛滥的专业，拥有充足的工作岗位。从工作环境的角度来说，发电行业一般属于工业企业，环境虽然算不上白领的标准，但是相对于土木建筑行业更好。

2. 发电行业的劣势

发电行业作为主力垄断行业来说，都有一定类似的职业发展劣势，缺乏人脉资源的毕业生可能需要经历更长的职业发展初期。发电行业的标准性强、安全生产要求高，如果没有较高的学历和有名气的高校毕业证书，在发电企业的工作可能相当的无聊和单调。尤其是电力运营的岗位，缺乏创新、循规蹈矩是垄断行业普遍的特征之一。另外，发电行业的行业内部差距可能十分巨大，火电虽然是主力，占据百分之七十的发电量，但是却面临逐渐被压缩空间的发展瓶颈。虽然发电企业的待遇稳定，但是对于许多普通职工来说，却像温水煮青蛙，很多人容易被垄断企业的环境磨灭奋斗和创新的意志力，在这样枯燥、按部就班的环境下磨得平庸。火电厂的收入虽然略高于社会平均数，但是并非所有火电厂效益都很好，电厂之间的效益差距也很大，一线沿海城市电厂的效益显然要好于平均数。另外，火电行业受制于煤炭生产的价格与其他发电行业的电力生产成本的变动，火电企业效益时好时坏，效益的决定权并不在企业本身，而大大受制于国家电力管制价格的影响。另外，电厂的运行是倒班制的，规律性熬夜值班是最基本的工作方式，这对于身体素质要求是相当高的，神经性衰弱是电厂职工的常见疾病。当然，在学历足够高的前提下，不去电力生产行业工作，选择电力设备制造企业工作，相对来说技术含量更高，工作更有挑战性和创新性。另外，发电行业 99% 的人是发不了财的，想发大财的考生要谨慎选择这个专业，这个行业的绝大多数人是普通的技术工程师，普通工程师的年收入范围大约在 6 万元至 20 万元之间。

3. 发电行业的门槛

发电行业的门槛并不高，对于一些电厂运行需求的基本专业在一些专科院校就有开设，如重庆电力高等专科学校、郑州电力高等专科学校、北京电力高等专科学校、沈阳电力高等专科学校、西安电力高等专科学校、山东电力高等专科学校、太原电力高等专科学校、河南电力高等专科学校等。这些电力高等专科院校多数是为电厂培养最初级的运行工人，工作相对辛苦，长期需要三班倒。但是对于一些长期在野外工作的专科专业（土木工程）来说，发电类的专业仍然具备一些优势：工作地点固定、收入稳定且可观。对于一些高端的发电设备制造商来说，学历要求就相对较高了——"985"院校相关专业硕士毕业是基本要求。尤其希望进入一流的电气设备制造企业做研发的考生来说，"机械五虎"院校是最佳的选择：清华大学、西安交通大学、哈尔滨工业大学、华中科技大学、上海交通大学等。对于成绩处于中间层次的考生来说，还可以考虑选择中南大学、重庆大学、山东大学、华北电力大学、江苏大学、哈尔滨工程大学。二本层次的考生应该重点考虑兰州理工大学、上海电力学院、沈阳工业大学等。

8 机械制造行业

【高考志愿填报档案】

主人公：夏景熠   高考时间：2011 年
就读专业：车辆工程   就读院校：广东某重点大学
高考分数：604 分

与绝大多数高考完的同学一样，夏景熠在得知高考成绩之后也陷入了填报志愿的烦恼。在经过多方了解之后，夏景熠根据自己的喜好，他选择在通信工程、电力工程及其自动化还有车辆工程这三个专业里服从调配。最终他被该校的车辆工程专业录取了。这对他来说还算一个比较满意的结果。夏景熠的家庭属于工薪家庭，家里人对于他选择这个专业也是比较支持的。送夏景熠去报名的那天，父亲嘱咐他："既然选择了这个专业，就要争取学出些名堂来。"

刚到学校的第一年。夏景熠就发现这与他高中时期想象中的大学完全不一样。虽然说夏景熠从高中已经开始住读生活，但毕竟高中时期管理比较严格，在学习之余并没太多的时间来安排自己想做的事。而现在来到大学，每天的课程不像高中时候那样紧凑，他有充足的时间来自己规划。于是他开始自学很早就感兴趣的日语，并且最后成功地在大学期间考取了日语的 N3 等级证书。等到放假回家，聚会谈论大学期间的故事的时候，许多小伙伴对夏景熠的专业表示羡慕，因为许多男生都会有自己的车辆梦，而车辆工程这个专业是再合适不过的了。

夏景熠回顾自己大学期间，表示其中最主要的三门课程就是汽车构造、汽车理论以及汽车设计。因为这三门课构成了车辆工程这个专业的核心课程，所以说只要这三门课稍微学好一点，就算摸着一些这个方面的门路了。汽车构造主要是对汽车硬件结构以及内置的各种系统进行介绍。而汽车理论作为一门理论课，说明了汽车的各种性能，比如动力性、制动性、操作稳定性这一类。而汽车设计这门课则是车辆工程专业的另一个方向，它主要是讲述关于设计的理论知识。按夏景熠的说法，虽然暂时来看他没什么机会做设计，但里面所包含的基础知识还是挺有用的。

到了大四的时候，由于毕业当年需要修习的课程已经很少了，夏景熠选择来到某著名汽车生产公司进行实习。三个月的实习经历给夏景熠带来了很多收获，让他更加清楚自己所要选择发展的方向。等到毕业季进行校园招聘的时候，经过再三考虑，夏景熠选择了一家能回到自己家乡的企业。大学期间较为扎实的理论知识，加上有着一段相关专业的实习经验，使得夏景熠顺利地成为该公司的一名培训生。

成为培训生仅仅是一个开始，夏景熠在进入公司后发现，这份工作并不像大学期间学习理论那样简单。首先，作为培训生的第一件事就是定岗实习，什么是定岗实习呢？就是说夏景熠会和生产线上的普通工人一样，进入生产线，到各个环节都进行一段时间的工作，以便快速熟悉各个岗位的职责。众所周知，生产线上的工作量是非常大的，经常会面临加班或者是倒班的情况。而且对于夏景熠这些才毕业的大学生来说，学校中学习的理论知识在生产线上能运用到的少之又少。用夏景熠自己的话来说就是"生产和设计纯粹是两码事"。本身就是非常辛苦的工作，再加上才开始什么都不熟悉，夏景熠最开始的那段时间就像在朋友圈子中消失了一样，电话没人接，短信也不回。后来他才告诉大家，那段时间他整个人已经累得天昏地暗，经常是下班回到住的地方倒头就睡，第二天眼睛一睁开又去上班。那段时间就是这样循环往复过来的，自然也就常常联系不上了。

当问到夏景熠对于未来是怎么打算时，他表示决定先把工程师职称证书考过。因为夏景熠本身是大学本科毕业，所以是按照标准的要求进行的：

（1）助理职称：大学本科毕业，从事专业技术工作一年以上。

（2）中级职称：大学本科毕业，从事专业技术工作五年以上，担任助理职务四年以上。

（3）高级职称：大学本科毕业，从事专业工作十年以上，担任中级职务五年以上。

也就是说，如果夏景熠打算往工程师这个方向发展的话，正常情况下最快需要十年才能考取高级工程师的职称证书。夏景熠实际上并没有考虑得这么远，毕竟他才刚刚从大学毕业，现在才开始进入一个学习的阶段，还只是在生产线上轮岗学习，他更希望的是能够往研发的道路上走，所以并不能确定对于未来的打算。他半开玩笑地说，要是什么时候自己对这个专业失去了兴趣，就弄一辆小皮卡做点卖烧烤的买卖。夏景熠还抱怨说，现在的工作时间和工作环境弄得他有点心力交瘁了。每天准时前往工厂的办公室，一旦生产线上出现了什么问题，自己就要跟着前往生产线看带自己的师傅是怎么解决的，必要的时候还会到生产线上去实践。而进入生产线也是一件比较麻烦的事，首先需要换上指定的工作服，然后要通过安全检查。进入生产线之后还得随时小心翼翼地跟着师傅，一不小心走错了地方，就会被生产线上的管理人员赶走。而整个工厂又是一个封闭的空间，夏景熠说他经常白天进来，等到再看见天空时就已经是黑色的了。因为刚去什么都不会，他常常不能准时下班，好不容易下班了又是披星戴月赶回宿舍的节奏。这段时间就一直是这样过着。

既然说到了工作，自然不可避免就会谈到收入的问题。按照道理来说，重点大学毕业的车辆工程专业的学生，收入应该不会低吧？而实际上的情况，夏景熠掏出了手机，展示了上个月工资到账的短信，上面白底黑字写得很清楚，一个月去除掉"五险一金"之后，拿到手上的连 3000 块都不到。毕竟他工作的那家公司还算得上是国内中等偏上的企业了。夏景熠苦笑着说，都以为车辆工程的工科生毕业一出来就能拿到较高的收入，其实并不是这样。这个专业只是让你获得了进入这个行业的机会，最开始作为培训生在基层轮岗的时候，收入其实是很低的，想要往更高层面前进，就必须要不断地学习，当拥有了更高的资历以及更多成果之后，待遇自然也会慢慢提升上去的。

【案例启示】

夏景熠同学的志愿填报遵从自我的兴趣爱好，但是却忽略了自我的"经济需求"。夏景熠出生于一个普通的家庭，填报志愿的时候主要遵从了大行业、感兴趣专业的基本原则。但是欠考虑了行业工程师的待遇问题，汽车属于机械行业，这个行业的平均利润率较低，只有极少的合资汽车企业才能够提供较高的待遇。对于本科生来说，如果不是进入最好的外资汽车制造企业，待遇基本上都处于相对较低的状态。另外，汽车制造是一个复杂的系统化工程，与律师、医生、会计师、建筑设计师等等单打独斗的职业比较起来，汽车制造并不仅仅依赖于汽车工程师个人的技术工作，团队作战、企业的综合制造水平更是最关键的要素。而对于夏景熠来说，他的主要工作就是对生产流程进行控制，算得上是一个汽车质量控制工程师，并非做汽车设计和研发工作，这样的工作相对简单、枯燥，所以工作的具体状态也与夏景熠的期望有一定的差距。因此，夏景熠同学最好的选择或许是继续考取名校汽车专业的硕士生，名校汽车专业的毕业生多数能够从事汽车设计与研发工作，或者选择进入外资汽车制造企业工作，两者任取其一，夏景熠的收入都能得到较快提升。

【高考志愿填报档案】

主人公：徐小玲	高考时间：2011 年
就读专业：机械工程及其自动化	就读院校：某"211"院校
高考分数：571 分	

　　徐小玲成绩优秀，一直都是家里、亲朋好友称赞的对象。虽然是个女生，但在班上理科成绩也是名列前茅的。每次考试成绩基本都是班上前三名。这样的她对于高考从来没有畏惧过什么，梦想着自己能够进入川大这样的"985"院校。在老师眼里，她的成绩也是出奇稳定，平时的成绩都能考上"985"院校。老师也把她当作重点培养的对象。

　　故事不是总如人心意地发展，上帝喜欢在你没有准备的时候给你开个玩笑。高考时，徐小玲状态没有以前那么好，失误了，于是梦想的"985"院校不能够考上，而是进了省内的一所"211"大学的机械工程专业。梦想的学校没能进，但是录取她的专业在本校最火，排名第一，虽然有一些遗憾，但在周围人看来她依旧是学习的榜样。怀着对大学生活的憧憬，带着各种计划，徐小玲开始了自己的大学生活。

　　工科院校特别是工科专业女生都是很少的，班上的女生都会被男生当作宝，每逢女生节，她都会收到班上男生的礼物。学校最好的专业并且一直保持不错的就业率，在班上被当作宝，这些都让她忽视了一个小问题：机械专业对于女生来说并不是很适合。报这个专业的女生特别少，这并不是全无道理。

　　毕业后徐小玲签约到了一家大型国企。同时期招进来的其他同学已经被安排到车间实习好几个月了，领导考虑到她是女生的缘故，并没有让她进车间实习，更多的是安排她做一些文职类的工作，如安排她整理图纸，编写明细，做工艺流程图、工装图纸等。这样的工作简单又轻松，但她心里很清楚，刚刚踏入社会的她，需要掌握更多的专业知识，如果做着这些文职工作，不到车间亲自看看设备，不去看看产品什么样，如何装配，一直这样下去她对今后的工作心里都是没有底的，对于她以后的职业发展也是极为不利的。所以徐小玲总是尽快完成领导安排给她的工作，一有空就去车间多看多问，一有同事被车间工人叫去解决问题她便跟随而去。领导同事看她学习积极主动，也愿意多教她一些东西。与同事的经常交流让她对公司的许多事物包括生产线等都有较深刻的了解。几个月过去，徐小玲对于公司的产品认识更加清楚了。

　　事情在我们看来向着好的方面慢慢发展。而在徐小玲看来，国企里面的生活工作方式并不是她所想要的，由于是女生的关系，被安排的工作她觉得收获并不是很大，与自己想要的生活方式相差较大，也由于个人原因，她选择了辞职。想借此从新开始工作和生活。

　　在校的时候，徐小玲就听到过一个段子：公司招机械人才，最开始要求一定是"985""211"院校成绩优秀的男生，之后降低要求招大学成绩优秀的男生，没有人的话再降低为爱学习、肯吃苦的男生，实在没有人的话才会招女生。这个段子只是说明企业招人特别机械这块更倾向于招男生，因为相关工作很辛苦，需要去车间，女生由于各种原因不太合适，虽然男女歧视这种现象不应该有，但是在这些领域或多或少还是存在的。以前徐小玲并没能感受到这种不公平现象，因为在校时她是男生众星捧月的对象，在国企工作的那段日子虽然与机械相关，但是在特别关照下，是否有不平等现象并没有切身的体会。

辞职后，徐小玲又开始找工作，这时候才开始慢慢体会到当初那个段子的意思。自己的工作经验和学历都是很不错的，在国企的那段时间自己还是学到了不少东西，但是在面试了许多家企业后，并没有收到录用通知，这让她产生了疑惑。后来才得知，自己面试时说了解很多专业知识、有在国企的学习经历，但是一个女生会这么多，在企业看来他们是质疑的。所以在面试很多企业后，她都没有收到 Offer。在经过了一段时间的投递简历面试后，徐小玲终于在一家民企开始了她的第二份工作，是关于产品设计的。

最开始工作时徐小玲就感受到了男女歧视。作为年轻的女性从事机械工作，相对于男性机械工程师而言，原先的技术人员不会十分信任，甚至会刁难，不会配合你的工作。比如一个零部件出现了问题，但是可能又急需用这个零部件，在以前技术人员肯定或多或少也会遇到这样的问题，那个时候他们都会想法解决掉这个问题，但到了徐小玲这里，这些技术人员都说他们不知道怎么解决，让她自己找办法解决这个问题。幸运的是徐小玲在国企的好学让她有不少的经验，一步步指导技术人员，最后解决了这些不是问题的问题。最后技术人员笑了笑说，其实他们以前遇到过这些问题，知道自己该怎么做，主要是为了看看徐小玲这个新来的女机械工程师的能力。这让徐小玲感觉好无奈。

由于是新来的，徐小玲会接触到别人设计一半后遗留下来的东西，这个时候她需要从设计者的设计意图、每个零部件的设计原理去理解，为了达到什么样的目的，在实际中需要达到什么样的效果，再不断地进行测试，这些工作都需要当时在场，有时候甚至要熬夜进行，这对于一个女性来说是十分辛苦的。更加重要的是这些工作、设计、实验都需要师傅的配合，难免会不断重复进行，这个时候又会遭到师傅们的不断抱怨。因为经常待在车间，所以徐小玲的打扮基本也是车间状态，有时候经常会弄得满身都是油污，这对于一个女性来说是需要适应的，部分女性甚至无法接受。所以有一句话说，女强人不一定从事机械，但从事机械的一定是女强人。

徐小玲在设计上做出了一些成绩，慢慢的也让她更加清楚地认识了这个行业对于女性的局限性。一个女性可以做技术，但是需要慢慢向管理层转型，车间工作对于女性来说不怎么合适。徐小玲本身不具有管理的相关素质和能力，必须通过不断地学习提升自己的技能，提高自己的技术水平，只有具备了专业知识才能压得住场，才能让人信服。当徐小玲做出了一些成绩后，面对是否跳槽她又犹豫了，跳槽并不是对公司不忠，而是对自己工作的肯定，对自己能力的肯定，也是对自己的挑战。而作为一个女性，跳槽后又需要从头做起，这个时候谁又能够相信你，谁又会带着歧视怀疑的眼光不录用你，是不是跳槽后又只能完全从头做起，做出成绩然后才会工资翻倍。一个女性想在这个行业做出一些成绩往往需要比男性付出更多。

徐小玲现在已经辞职，准备考公务员，对于她来说，稳定体面的工作挺适合她，以后不用再每天面对油污、熬夜以及这个行业内的性别歧视。

【案例启示】

徐小玲平时成绩优异，虽然高考失利，但录取结果仍是国内"211"高校最好的机械专业。本科毕业后从事了机械相关工作，但最后还是放弃工作转而选择了另一条路，主要原因是没有考虑到机械制造行业是不是适合自己。机械制造行业对于男生来说有很大的发展空间，但是对于女生来讲，行业内对男女的不同看待，工作环境问题等都是不利因素。徐小玲认为自己是个女强人，能够在油污环境下工作，在熬夜和面对技术人员、师傅的抱怨的情况下能够坚持下去，经过一段工作经历后，发现自己并不适合这样的生活方式。所以，考生们要切记，机械制造行业并不是一个适合女生的行业，对于就读该专业的女生，切勿本科毕业之后直接选择工作，一定要考取研究生才会有相对较好的就业前景。

机械制造行业的 SWOT 分析

1. 机械制造行业的优势

与医生、律师一样，机械工程师是社会最基本、最重要的一个核心职业，从现代工业化社会的角度来说，工程师曾经几乎就是机械工程师的代名词。机械工程也是能源使用的终点，机械制造水平决定了能源开采与使用的效率——电动汽车、混合动力汽车就是新型机械设备对于高效使用能源最好的案例，混合动力的雷克萨斯 CT200 汽车耗油量仅相当于同等级别纯汽油汽车的三分之一，特斯拉汽车的能耗水平仅相当于同等级别汽油汽车的十分之一。

从行业的角度来看，中国拥有世界上最为庞大的机械消费市场，机械制造行业有能力为机械相关专业的毕业生提供足够多的工作岗位，并且机械工程是一门极其庞大和系统化的、制造设备和实物的经验与手艺。国内制造企业不管大小，不管国企民企，不管垄断非垄断，他们总归要制造出来一样设备实物，并且设备实物必须具备"有竞争力"的使用价值。"有竞争力"的使用价值就决定了绝大多数机械工程师干的工作始终有技术含量、存在市场价值和自我实现价值。机械工程师不但面对的是一门存在了一百多年的成熟知识体系，还有不断更新的先进制造工艺与经验累积。所以，对于机械工程师来说，越老越吃香是毫无疑问的。例如，世界顶级的工业精华产物——日产超级跑车 GTR，每一台 GTR 的发动机上都刻有完全手工组装该台发动机的工程师的签名。当然这样的荣誉和技术水平对于中国的机械工程师还相当遥远，因为中国甚至不具备完全自主研发一台量产发动机的设计研发能力，更不用说顶级的发动机制造经验了。中国更擅长的是反向研发和制造汽车量产发动机，简单来说就是抄袭和二次改进的量产发动机制造能力。各位考生和家长也不能完全小看反向研发工程能力，中国的几大汽车厂的利润堪比国际一线汽车厂。因此，机械工程师可以选择的发展方式十分多样，既可以选择成为一名在工厂研究制造工艺的制造工程师（热处理、锻造、冲压、组装），也可以选择成为一名专心研究机械结构的机械设计师，还可以选择成为懂技术的销售工程师，学历足够高的毕业生还可以成为汽车研发工程师。所以，机械工程师从某个角度来说，是一个复合型的职业，多个行业都需要的万金油职业，具备多个行业的选择余地和发展空间。

对于中国的机械制造行业来说，中国具备全世界最为齐全的制造业体系，小到螺丝钉，大到航空母舰，强到深海钻井设备，高精尖到载人航天飞行器，中国的制造行业能够为各种层次的考生提供不同类型、各种技术含量的技术性工作。有志于从事中国航天航空、导弹等军事机械制造领域的考生应该大胆选择机械类的相关专业——飞行器设计与制造、探测制导与控制技术。这些职业虽然收入不高，工作地点偏远且保密，但是从精神回报的角度来说，这些职业的收获远远超过类似的工程师职业，如载人航天、歼 15、航空母舰、洲际导弹制造等等，目前都是中国高精尖机械工业发展的重点方向。同时，中国也是世界上仅有的具备大功率军用涡扇发动机设计和制造能力的国家。所以，对于机械制造行业来说，对于有兴趣爱好或者有志于成为一名匠人的考生来说，中国的机械制造行业能够为考生提供足够多的平台和技术发展空间。

从行业发展的角度来说，虽然中国的机械制造行业存在太多的问题，发展也处于刚刚起步的初级阶段。但是，机械制造是一个国家最基础的实体经济的构成部分，互联网行业不论再怎么发展迅速，总归是社会的神经网络系统，互联网的社会技术意义目的在于提高社会沟通效率、打破信息垄断，而组成社会最主要的部分之一还必须是以机械制造业为代表的实体经济。作为国内家庭两大消费物品——汽车和住房，两大物件的背后都是机械制造行业，汽车代表了石油行业和汽车制造业，住房代表了道路和桥梁，而石油、房屋、道路、桥梁都必须依托于强大的重型工程机械。因此，如果把人类社会看作一个人，机械制造行业可以比喻为人的肌肉和骨骼，互联网和通信可以比作神经系统，金融行业可以比作大脑，卫生系统可以比作免疫系统，电力系统可以比作血液，资源行业可以比作消化系统。如果没有肌肉的发育作支撑，人是不可能长大的。机械制造行业虽然发展缓慢，但是却是社会的肌理，不可或缺。机械制造行业发展水平的高低直接关系到一个国家的发展程度，因此，机械制造行业绝对不是夕阳行业，仍然是社会的支柱行业。例如，极具发展潜力的新能源汽车制造、深海石油资源开采、岩页气的开发都离不开机械制造行业的技术支撑。

另外，机械工程的相关专业毕业生有许多出国读书深造的机会，比如，拥有世界上最好的机械制造业的国家分别是美国和德国，这两个国家都能为相关专业的中国留学生提供足够多的工作机会和良好的教育机会。

2. 机械制造业的劣势

想快速发财和白手起家创业的考生尽快忘记这个行业吧，这个行业的资金占有量极大——互联网可以几个人租个车库就创业，但是我们鲜有听说机械行业的创业英雄，这是一个属于匠人的行业，没有英雄，只有日复一日技艺的逐渐精湛和人工手艺的迭代创新。最精密的机械都是由机械工程师纯手工打造，这种技艺高超的机械手绝非"教育"和"学习"出来的，更多是来自于成千上万次重复手工技艺的提炼和升华。另外，中国的机械行业几乎没有原创性的研发体系，引以为豪的是中国的逆向工程复制技术，即使在中国不少主流的汽车研发中心，其主要的工作仍然不是设计和原创，而是测试和二次开发。另外，机械制造行业的规模极大，很少有工程师能够像医生、律师的职业一样成为赫赫有名的人物，对于机械工程师来说，在某一个极为细微的机械制造领域成为顶尖工程师更为现实。

另外，机械制造行业由于资金密集，机械工程师虽然重要，但并不是行业赚钱最主要的要素，因此机械工程师的待遇相对于其技术含量并不能很好地在待遇中得到直接体现，在沿海一线城市的高级机械工程师的月薪多数在 1 万元至 2 万元之间，而同等级别的医生、律师、IT 工程师的年薪在 30 万元以上。而在二线、三线城市，机械工程师的收入更低，月薪 4000 元至 10000 元是主流。因此，从收入的角度来说，多数机械工程师是相当廉价的。并且中国的机械制造行业是一个完全竞争的市场，机械制造企业的利润相对都不是太高，除了一些合资汽车制造企业之外，鲜有能够为机械工程师开出 20 万元年薪的单位。由于制造业的利润实在太低，机械工程师流向其他行业的现象比比皆是。除了机械行业自身发展体制受限，机械行业还极大受制于中国落后的材料冶炼行业。利润低、资金量庞大是材料冶炼行业与机械制造行业共同的特点，这也导致中国这两个行业的人才流失量巨大。

中国高校的机械工程师的培养能力相当有限，多数机械工程的毕业生必须依靠工作以后企业的二次培养才能够成为合格的机械工程师。另外，机械工程师只能算得上是蓝领职业，工作的地点一般都在相对偏远的工厂，与白领职业比较起来，工厂的环境也不会太好，所以，笔者一再强调，如果没有一颗耐得住寂寞和枯燥、反复重复试验的匠人的心，多数机械工程相关专业的毕业生要么选择离开这个行业，要么选择从事设备销售，否则就只能在这个行业沉沦和平庸。

3. 机械制造行业的门槛

普通机械制造行业的门槛是相当低的，对于一般的机械制造企业来说，普通的专科生或许就能够满足其招聘要求。从国内整体机械专业的培养数量来看，机械类专业供给并不过剩。但是对于顶级的汽车制造企业和研发中心（华晨宝马、北京奔驰、一汽奥迪），它们的招聘要求又特别高，"机械五虎"院校的学历是最基本的要求——清华大学、西安交通大学、华中科技大学、哈尔滨工业大学、上海交通大学。对于一流的合资汽车制造企业来说，同济大学、吉林大学、北京理工大学的机械工程、车辆工程专业也能够进入这些企业的研发中心。机械工程略微靠前的重庆大学、东北大学、华南理工大学、大连理工大学、湖南大学、武汉理工大学的车辆工程或者机械类的硕士生也能进入一些相对较好的合资汽车制造企业。对于国防科工序列的军工研发单位来说，机械类专业的硕士生是基本的要求。多数二本院校的机械工程的毕业生只能进入普通的机械制造企业工作，因此，二本院校的考生应该尽量考取"985"院校的研究生，以获得更好的行业发展机会。

9 媒体行业

【高考志愿填报档案】

主人公：樊　星　　　　　高考时间：2008 年
就读专业：新闻学　　　　就读院校：北京某"211""985"重点高校
高考分数：614 分

　　樊星自小成绩优异，高中进了文科重点班，高考拿了个好分数，报志愿时便掌握了很大的主动权。借用班主任的话，"除了清华、北大，全国学校随便挑"。樊星的家乡在 A 省二线小城，地理上更接近上海，她的分数也足够报复旦大学，但樊星铁了心要去北京。对于这个在各种文学读物、影视作品的浸染中长大的女孩儿来说，首都的吸引力太巨大了。至于具体的学校和专业，樊星没有明确的想法。不过樊星有个特别爱操心的老爸，在熟读了各种志愿填报辅导之后，他给樊星提供了一个大致的清单。那年 A 省刚好启动了平行志愿的试点工作，考生可以一次填报四个院校，几乎没有此前的"滑档"之忧。于是，在老爸调研的基础上，樊星自己略作琢磨，将北京 J 大的新闻学作为了自己的第一志愿，随后被顺利录取。

　　樊星选择新闻学专业，很大程度上是图好玩儿。"当记者可以满世界地跑，认识形形色色的人，多有意思啊！"她是抱着这样的想法进入 J 大的。正式学习开始之前，樊星只知道 J 大新闻学院是全国数一数二的新闻学院，对于师资、课程、就业方向等诸多问题，她并没有全面、深入地思考过。每每回想起报志愿的经历，樊星觉得自己还是有些盲目的。所幸在四年的学习中，樊星从来没有后悔。毕竟是名校的金牌专业，老师有趣，课程扎实，还有许多进知名媒体实习的机会。樊星特别享受与人交流的过程以及追寻热点、逼近真相带来的成就感。但她也渐渐认识到，当记者不光是好玩儿，还要承担许多的风险和责任。

　　最现实的问题在于，这是个高投入、低回报的行业。有些高考分数跟樊星差不多的同学选择了法律、金融专业，毕业时他们可以梦想一份年薪几十万甚至上百万的工作；但即使是业内最顶尖的新闻从业者，月收入也只是在万元水准而已。此外，新闻行业对脑力、体力的要求都相当高，即使有名校光环加持，女生仍要面临相当严重的就业歧视：招聘单位一句"男生优先"，你连证明自己优秀的机会都没有。而对樊星这样的外地女生来说，想要真正扎根在北京，户口也是需要解决的问题。但除了少数的中央、国家级媒体和事业单位外，能提供户口的是少之又少。

这一桩桩麻烦事，都是樊星在校园里没想过的，这导致她在找工作时经历了相当长的迷茫和低谷期。事实上，进入新闻行业并不难，难的是进入好媒体。樊星上学的那几年，正赶上网络媒体崛起的浪潮，但网络媒体还处在寄生于传统媒体的阶段。樊星不想去网站做一些复制粘贴、博点击量的工作，她主要考虑的还是电视台和纸媒。

兜兜转转之后，樊星终于尘埃落定，进入业界颇具声望的 S 报。这家有着数十年历史的报纸，聚集了大批优秀的新闻人才，曾出品许多轰动全国的新闻报道。尽管 S 报不解决户口，但樊星知道，在这里，自己能从新闻专业学生成长为一名真正的新闻人，她的新闻理想能得到最大程度的满足。进报社 4 个月，樊星像一只杂食的兔子般奔跑在各个领域。她在创客大会上采访前央视主持人张泉灵和果壳网创始人姬十三，在大学校园里跟性别研究教授聊"直男癌"和新女性，也曾在旁听了一场 6 个小时的庭审之后，向最高人民法院的大法官提问。

创客大会期间，樊星偶遇一位中央媒体的前辈，聊起近期写的稿子，前辈眉飞色舞地告诉樊星，他两篇调查报道发了内参，分别受到习总书记和李总理的亲自批示，解决了地方上的一些老大难问题。"身边朋友几乎都创业去了，可我真是没当够记者。"前辈的口气里含着点儿无奈，又透露着自豪。樊星入行后发现，很多记者都是这样，把职业自豪感看得比钱更重要。这种自豪，樊星也体会过。"九三大阅兵"那天，全国大多数人在放假，她则跟同事们在报社工作到傍晚。回家路上，本科毕业后近两年没联系的同学晓兰忽然在 QQ 上给樊星发截图，正是樊星写的一篇稿子。"哟，这都被你看见啦？"樊星挺意外。晓兰告诉樊星，这条稿子上了凤凰新闻客户端的推送，看见的人不知道有多少万呢。听了这话，樊星心里真是挺美的。晓兰又接着问，听说 S 报员工都是一群超能拼的牛人，你们平常有固定的休息日吗？樊星回了一个哭脸："并没有。"新闻随时都在发生，哪管是不是休息日？想当初刚来报社实习，分管编委每次见到樊星都要问一句："最近辛不辛苦"，外加一句"我们的工作就是强度这么大"，仿佛怕樊星没有充足的思想准备。而 3 个月后，分管编委开始放心大胆地在凌晨微信她："这条稿子 5 点发。"最狠的一次，为了准备习总书记的访美报道，樊星 36 个小时没合眼。不过，大多数时候，樊星还是保持着正常作息。如果上午没有采访，她甚至能睡个懒觉再晃荡到报社。这便是当记者的又一个好处，时间自由，不用刷卡。有一天晚上 8 点，樊星交了稿子，一边收拾东西一边跟小伙伴电话聊天。对方打趣她："樊老师你下班是不是太晚了？"结果樊星笑嘻嘻地告诉对方，自己是下午1点钟才上班的！

总的来说，S报满足了樊星对职业记者的所有想象。尤其让她感到庆幸的是，同事们也都勤奋、优秀，大家想得最多的是提高业务能力，为S报的金字招牌增添光彩，没什么所谓的办公室政治。要说工作中一点问题也没有，那也不可能。樊星最大的问题是焦虑。采访中有许多不可控的因素，比如对方不愿意接受采访，或者接受了却不好好回答问题——所以有个业内术语，叫做"采访运"。运气最差的一次，她从下午3点开始打电话，连续找了8个专家都被拒绝了。眼看着交稿时间越来越近，樊星的焦虑指数也一路飙高。焦虑并不是樊星一个人的问题。她的同事总结过：有稿写时，手忙脚乱或怕做不好，焦虑；没稿写时，想要干活又老是拖延，焦虑。焦虑后适应，适应后焦虑升级，反反复复，没有尽头。S报是日报，一般来说，编辑排版好的报纸，最迟12点半就得送给值班编委签发。有一次情况特殊，樊星12点多开始写稿，写完已经1点半，当时她心里那个焦虑啊，手指跟小马达似的在键盘上敲个不停，整个人都快烧起来了。

没办法，报社的节奏放在那里，樊星只能渐渐适应。不过她也发现，焦虑未必是坏事，至少能逼着自己提高写稿速度，排除采访障碍。樊星本来特别怕电话采访，那次连续被8个人拒绝之后，她反而被治愈了：怕什么，被拒绝了就找别人呗！她也时常自我开导，有条件的情况下，就争取做个独家，抢个头条；实在没办法，也不要强求嘛。当初决定进S报时，朋友们都劝樊星想想清楚，当记者多苦啊，风里来雨里去的。"可是又有什么工作不辛苦呢？"在樊星看来，这份职业带来的趣味性与自豪感，足以让她承受这份辛苦。目前，樊星仍然有滋有味地奔波在记者这条道上。毫不夸张地说，她每次等待采访对象的心情，比等待对象的心情急迫多啦。

【案例启示】

樊星是传统意义上典型的好学生，在综合考虑了地域、兴趣等因素后，选择了学校和专业。必须指出的是，樊星的决策过程是有些盲目的，好在其学校非常好，专业也符合她的职业兴趣。但是，樊星在校期间没有提早进行清晰的职业规划，也没有充分利用实习机会积累作品，对于进入社会需要面临的实际问题缺乏准备，对于学生记者和职业记者之间的差别没有全面认识，这导致她在毕业找工作时走了一些弯路。另外，从事新闻业确实很辛苦，生活不太规律，薪资也不算高，不像很多人想象的那样光鲜。在入行之前，女生尤其要考虑清楚。新闻业的门槛并不高，非新闻专业也能成为记者编辑，重点是有自己精通的领域和投身的热情。不过，传统媒体仍处于日渐式微的困境中，网络媒体的原创性和丰富性则在不断加强，在选择工作平台时，重要的不再是媒体形态，而是平台本身。

媒体行业的 SWOT 分析

1. 媒体行业的优势

媒体行业是社会信息资源的中心，尤其是国内官方媒体的新华社、人民网、电视台以及地方省级报社都是最重要的信息资源平台和中心。特别是一线城市主流媒体单位的记者拥有相当多的信息资源与人脉资源，以记者出身创业成功的企业家不在少数，原因就是他们通晓各种商业模式的运作，具有商业天赋的记者很容易发现创业的机会和时机。有名的典型人物如龙湖地产创始人吴亚军、猪八戒网的创始人朱名跃，他们都出身于记者这个职业，而拥有自己的"小生意"的媒体工作者那就不计胜数了。同时，记者均有自己的"一亩三分田"，多数记者都拥有自己的"行业口"，通俗来说，记者分教育记者、法律记者、医疗记者、房地产记者等，可以说，每一个行业就对应一个记者的细分口。对于有经验和人脉的老记者来说，工作压力并不大，繁杂的基础工作多数丢给实习生去做，更多的时间是维护好行业相关单位重要的人际关系。另外，记者算得上一个白领职业，正式的记者体制内的收入合理，体制外的收入往往更加丰厚。多数记者的工作体面、受人尊重。一些有理想的记者更能追求事件的真相，当然真相背后也面临着重重压力、考验甚至是危险。

2. 媒体行业的劣势

媒体行业是一个受政府政策影响较多的行业，尤其对于一些社会新闻记者，工作和精神压力更大，辛苦做出来的新闻有可能通不过相关的审查，几个月的辛苦努力随时可能付之东流。另外对于多数初级记者来说，生存压力和工作压力都是非常大的。记者虽然是白领，但绝对不是一份舒适的工作，手机必须24小时开机，出了新闻事件必须第一时间赶往新闻现场，日晒雨淋绝对是家常便饭。对于有较高情商的记者来说，媒体行业可能是一个非常好"混"的行业，但是这也是一个淘汰率极高的行业，即使国有媒体单位的工作也绝对不是一个铁饭碗，许多初级记者可能还没熬出头就已经丧失熬下去的斗志和意愿了。媒体行业也是一个见惯了世态炎凉的行业，社会的肮脏面、阴暗面可能最先暴露在记者的视野中，若非拥有良好的心态，记者也是难以"煎熬"的。媒体行业本身也是一个竞争性行业，而非垄断行业，任何客户资源和新闻资源都有竞争对手，所以记者的业务压力也不小。新闻学专业本身是一个"素质型"专业，大学里教授的内容空泛、理论性强，与实际操作相差十万八千里，很难培养专业的新闻记者，加上行业门槛高，新闻学专业是就业难的重灾区。互联网自媒体的兴起对于传统媒体的冲击更加剧烈，传统媒体的行业优势逐渐淡化，能否适应媒体行业的变革，这对于记者来说也是一个重大挑战。

3. 媒体行业的门槛

目前，国内正式的记者证大约有 25 万个，非正式的记者接近于 100 万，这样的现状决定了这个行业的人员流动性非常大。同时，大型媒体平台的门槛非常高，若非拥有相关行业的人脉资源，普通人一般很难进入大型媒体平台工作，也很难拿到这些平台的正式工作编制。而且媒体行业本身的信息资源和人才容量是有限的，目前国内媒体行业的人才饱和度非常高，即使名校毕业的新闻学的毕业生也基本上不存在任何就业优势。综上所述，不论文理科，一般不建议选择新闻学专业作为本科专业。如果一定要选择新闻学的考生，笔者的建议是选择北京大学、复旦大学、中国传媒大学三所院校。

10 电力行业

【高考志愿填报档案】

主人公：文　山　　　　　　　　　　高考时间：2006 年

就读专业：核工程与核技术　　　　　就读院校：华北电力大学（天津）

高考分数：621 分

文山就读于哈尔滨一个重点中学的清北班，在他们班上，有一半以上的同学考取北大、清华。2006 年高考成绩普遍偏高，621 分的成绩几乎让文山成了班上的倒数几名，让他在同学圈里抬不起头来。一个暑假，文山都没怎么出去玩。高考失利让他非常的失落，找了几个小伙伴出去散心，于是志愿的选择就全由父母去操办了。

文山的父母都是大学生，在电力系统工作，自然而然地，希望儿子能够接班。从业二十多年，他们清楚地知道核电站比起火力发电和水力发电的优势，因此，他们给儿子选择了华北电力大学核工程与核技术专业。虽然很多人认为从事这项工作对身体有损害，但他们认为，中国现阶段的技术已经非常成熟，而且有巨大的社会需求，打开所有的专业，当计算机和英语充斥着各个高校时，核工程与核技术这个专业培养的人才数却是很少增长的，说明这个专业具有很强的核心竞争力。

儿子旅游回来以后，父母就把招生和就业的前景对他进行了说明。文山一向是个听话的孩子，在班上也是班长，虽然从个人爱好来说，他更喜欢研究航模，不过北航的分数够不上，让他对梦想有点失望，于是他也接受了父母和他商量的志愿。其他有几个学校都与核工程与核技术相关，比如华南理工、西安交大等，不过考虑到离家比较近，还是把位于天津的华北电力大学排在了第一位。

文山以超高分如愿以偿进入了华北电力大学才发现，恐怖专业并不恐怖。华北电力大学大一的课程几乎全是基础课程，如高等数学、大学物理、线性代数等。文山认为，学好高数对其他专业课的学习很有帮助。大二会学习能源类的基础专业课程，如电工技术基础、工程热力学、工程流体力学等等。其中，最有意思的要数电工技术基础这门课了。还记得最后一次实验作业是做一个收音机，虽然能收到的频段比较少，也没有 FM、AM 切换这种高大上的功能，但能用自己亲手做出来的收音机听音乐，光想想就觉得好兴奋。

到了大三、大四，真正的专业课就开始了。核电厂系统与设备、核辐射物理基础、自动控制理论等等，这些课程让文山成为一名很专业的核电从业人员。在学习的过程中，文山慢慢地对核电站有更深入的了解，比如核电站会不会像原子弹那样发生核爆炸，答案是"永远不会"。虽然核电站和原子弹中的核燃料都含有铀235，但它们的含量相差很大，后者高达 90% 以上，前者低于 5%，这就好比酒精和啤酒，酒精可以直接被点燃，而啤酒却因酒精含量低而永远不能被点燃。

此外，每个学期的最后一个月都是文山的实习月。大一寒假前的实习是去清华大学核动力院的基地参观学习，了解我国最先进的核电技术——第四代高温气冷堆，参观核反应堆的操纵室，接触 AP1000 核电技术引进消化进程……这些实习经历无疑让文山对核电的发展前沿有了一定认识，也对自己未来的工作情况有了更多了解。

像高中时一样，文山是一个责任心很强的人，大学的时候也担任班上的班长，他严谨务实的工作作风得到同学、老师的信任，每次班里活动他都积极地承担所有打杂的工作。有一次在和外系进行联谊的活动上，担任主持的文山遇到一个活泼可爱的姑娘，两人一见如故。于是在美丽的大学，文山也谈了一场甜蜜的恋爱。

转眼到了毕业季节，这个专业的优势就体现出来了。同学们纷纷被各大核电站抢夺，提前找到了工作。近年来在国家大力发展核电的情况下，很多设计研究院也在大力招人。具体的就业方向与大学时所学的内容有很大关系，有人选的是核反应堆方向，毕业就去了核电企业；有人选了辐射防护方向，就去了环保部门。文山面试了好几家单位，提前拿到了好几个 Offer，不过最吸引他的是中广核集团，也就是大亚湾核电站。面试那天，考官对文山的谈吐和学习经历都非常满意，就问了他："你有女朋友吗？"文山也老实地回答："有。"考官再问："什么专业？"文山："社会工作专业。"考官说那你把女朋友也带来看看，我们的人力资源部正考虑招个姑娘。就这样，中广核集团把文山的女朋友也一并招进去了。

文山进了集团以后，终于明白为什么要把女朋友一并招过去。总的来说，就是有钱也没处花，所以最好自带女朋友。核电站一般处在比较偏僻的地方，工作地点非常荒凉。但是周末公司一般有车去市区，成熟的基地一般坐车要钱，不过有车补，不成熟的免费，车程一小时左右。以后安家的话一般都会在市区，但是正常情况下只会周末回家。中广核，可能在大家眼中代表着荣耀、超高的薪资、光明的前途以及无限美好的未来，也许从某些方面来说是这样，但不是全部。

中广核，首先要声明的是它并不是一个公司，而是一个集团公司，旗下包括：运营公司、工程公司、设计公司、广利核（北京）、核电服务等，但广核招人时还会帮助一些其他业主公司招一些人，如台山业主、红沿河业主等。每个部门待遇都不一样。文山所在的岗位就在运营公司。运营公司主体在深圳大亚湾，现在的主要工作地点也是大亚湾，但是随着各分基地的建设，以及运营公司大运营的实现，工作地点也会不太稳定，可能是这几年这里，过几年另一个地方。待遇方面运营公司是最好的，毕竟运营公司现在相当于业主公司，其他广核的公司相当于运营商。他的年薪有传说中的那么高——新人在 20 万元以上，而且每年各科室会组织外出玩。培训方面比较完善，一般员工有一年以上的培训，这种培训可能是工作前或者工作中。

工作压力比较大，如果搞操作的话，培训考试比较多，前两年都是考试培训，大概两年后才正式操作，操作七年后可能要换岗。一般一个操作工最多七年。在这七年中，可能你睡觉都会想着那些操作按钮，因为按错一个可能你在广核的前途就毁了。据称那些人睡觉做梦都会想着那些按钮。当然这之中随着你的考试通过，操作岗位级别会增高，工资也会增加。因为该公司人才济济，晋升会相当的慢，除非你能力出众。据称那里面的海归、硕博相当多。一般签约五年，进去后比较难出来。总之，待遇五星，压力也是五星，晋升很慢。

工程公司是中广核最大的承包商，包括核电站的建设，核设备的采购、安装以及建成后的调试。可以说广核现今所有的项目都是工程公司做的。但是一进入工程公司可能就不会有安定的生活，因为一个基地的建设大概只有七八年。当然这只是可能。待遇方面，刚来的一次过节费就能发三千，衣物、吃饭、通信等都有补助，不过同运营相比还是差了一点，毕竟是承包商。但是同其他外面的公司相比绝对高，新人年薪也在 15 万元以上。工作压力比运营公司要小，但有时会比较忙，要看具体部门。

文山认为现在自己的工资待遇比起当年很多在北京上北大清华的同学来说，甚至高出了很多，同学聚会的时候都不好意思说。很多北漂的同学谈起房子、孩子的教育都感慨生活的不易，可是对于文山来说，这些都是单位的一条龙福利，根本就不用操心。而同学聚会上大家偶尔会说说切尔诺贝利事故、福岛事故，不少人总是将文山的工作与核辐射联系起来，以为文山就业后会接触到大量的核辐射，影响身体健康。但事实上，文山一年接触到的核辐射最多也不超过照一次 X 光！文山把自己的工作比喻为一名优秀的驯兽师，手握长鞭（核电站）将铀235 这头猛兽给驯服，源源不断地给人类提供清洁绿色的能源。

在很多同学眼里，大家认为核工程与核技术专业是最"恐怖"的专业，而且还时常被误以为是搞原子弹的。可事实上，文山认为自己的工作也挺浪漫，比方说核反应堆中的裂变反应可以描述为"中子只肯为铀核而停留，无论水分子如何挽留"。除了所学知识不同外，文山认为自己与其他的工科生没什么不同。

说到远景，想必大家对 2014 年最热门的科幻电影《星际穿越》仍记忆犹新，可能还有不少同学对男主角库珀捕获的印度空军无人侦察机感到好奇，因为里面的太阳能电池竟可以给整个农场供电，而且还能用十多年。但文山认为，跟核电池相比起来，太阳能电池简直弱爆了！美国于 2011 年发射的"好奇号"火星探测器使用了放射性元素钚 238 作为热源的核电池，在使用 25 年后输出功率才降低 16.6%，而降到 50% 需要 87.7 年！核能由于其能量密度大，正受到越来越多的关注。因此核电也被誉为"掌控未来人类的能源之星"。假如可控核聚变可以实现，那么人类基本就可以永久解决能源问题了。

【案例启示】

文山的案例是一个子承父业的典型，父母本身就业于电力系统，对电力系统的发展极为熟知，文山的分数远超许多"985"院校的好专业，为什么父母却为他选择了一个普通"211"高校的"新"专业。核心的秘密还在行业的规划，父母对于行业的判断是比较准确的，同时文山的分数也没有太多的浪费（比正常录取分数高了 20 分），从结果上来说，文山在电力行业的发展前景也未必低于清华北大的普通专业的同学。文山本身不属于特别有某种兴趣爱好的学生，父母代为填报志愿遵循了强势行业与父母行业背景的结合，这样的方式在中国特色的学业规划中更有现实的代表意义。

电力行业的 SWOT 分析

1. 电力行业的优势

电力行业最大的优势在于——这是一个超级庞大的垄断行业。

电力行业本与发电行业同属国家电力系统，电力系统包括发电、输电、变电、配电、用电五个组成部分。2002 年改革以后，电力系统的发电部分被剥离，成了五大能源投资集团（华电、大唐、国电、华能、中电投），剩下的四个部分仍然为国家电网与南方电网独享。而电网系统原下属的电力设计部分成立中国电力工程顾问集团公司，下属六家国内顶级电力设计院（西北、西南、中南、东北、华东、华北）。电网公司与电厂下游的设备供应公司主要包括——

国企：东方电气、哈尔滨电气、上海电气、国电南瑞、电科院；外企：西门子、施耐德、ABB。从上述电力系统的介绍中，考生和家长不难看出电力系统在国家重要的支柱作用和垄断水平，任何企业、单位、家庭都离不开电力生产和使用，电力消费指数标示着一个社会的发展程度。电力系统绝对能够定义为一个能够为电气工程专业的大学毕业生提供足够多的工作岗位，且待遇合理、极具发展潜力的好行业。

电气工程师——作为电力系统最核心的职业，不但与机械工程师一样属于工业领域最重要的核心职业，同时也与医生、律师、法官、建筑设计师一样属于社会上最重要的核心职业。与机械工程师比较起来，电气工程师的优势大大优于机械工程师：第一，电力系统的垄断性高于机械制造行业，机械行业属于竞争性行业，行业平均收入和企业平均利润率完败于电力系统。第二，中国的电力系统发展程度全世界靠前，电力总消费量全世界第一，电力消费占世界总量的27.5%，人均消费量高于世界平均水平，是全世界少数几个拥有核能发电能力的国家之一。中国的电力行业仍具备深厚的发展潜力，属于绝对的朝阳行业。第三，电气工程师的发展方向多样化，需要机械工程师的大型工业企业多数也需要电气工程师，反之，绝大多数机械工程师一般进不了电力系统工作。甚至电气工程师涵盖知识面的广度可以让电气工程师选择进入IT行业工作——自动化、通信、计算机的核心学科内容也属于电气工程的主要学习内容之一。第四，电气工程师属于垄断系统的核心职业，注册电气工程师属于国家管控的核心执业资格证，其证书含金量堪比一级注册建筑设计师，挂证的市场价格在15万元至25万元一年，而作为竞争性的机械制造行业无同等含金量的执业资格证。第五，电气工程师的职业技术含量丝毫不亚于机械工程师，在高端的电力自动化系统中，国家电网几乎垄断了所有最优秀的高端人才。第六，多数电气工程师工作环境相对优越，几乎不用下生产车间工作，尤其是电网系统的正式专责，他们的工作环境良好，工作压力小，收入丰厚，属于白领中的金领。即使对于在电力设计系统和电力设备供应商工作的电气工程师来说，他们的工作环境仍然好于土木工程师与机械工程师，类似于建筑设计师，属于标准的白领工作。第七，国内机械制造行业受制于材料行业弱势的瓶颈，土木建筑行业受国家政策调控影响严重，行业发展波动性大，而电力系统几乎不受制于其他任何行业。

电气工程专业是中国现代高校开设最古老的专业之一，与机械工程一样，同属老牌的主力工科专业，与计算机专业不同的是，多数中国的老牌电力高校具备培养电气工程师的基本能力。同时，电气工程最基本的知识和原理已经有了几个世纪的历史，但这并不影响电气工程这个专业未来发展的技术迭代和创新的空间——新能源汽车、超高压电网、新能源开发等等重要的社会能源发展方向无一不与电气工程联系紧密。毫不夸张地说，电气工程的技术创新关系到现代社会工业发展方式与能源使用方式的技术革命，石油与内燃机汽车工业是工业时代的第一个阶段，而纯电动汽车可能会是工业时代的第二个高级阶段。电气工程专业绝对属于一个值得选择的手艺专业，并且这个专业具备越来越吃香的基本特点。

电气工程专业毕业生既可以选择外企，也可以选择私企和国企。同时这个专业也有一定电力行业创业的机会和空间。综上所述，电气工程是一个性价比极高的技术型工科专业，值得所有理工科考生重点考虑。

2. 电力行业的劣势

作为超级垄断行业的电力系统来说，垄断国企具备的缺点一应俱全——情商高的人容易获得晋升，有技术能力的工程师未必一定晋升，并且在垄断企业很容易见到社会的阴暗面，这需要学电气工程的人有更快的环境适应能力。外企和私企的工作压力大——工作方式相对简单，有能力的人容易晋升，但挣的钱基本上都是血汗钱。发电企业的效益千差万别，如果选到一家效益比较差的电厂，跳槽的成本是相当高的。另外，电力系统的发展方向非常细致，对于学习能力不强的工程师来说，有可能走入某一个技术领域的死胡同。电气工程的学科跨度大，包含数学、电力、计算机、自动化、通信各个学科的知识，学习难度大大超过一般的工科专业，学习能力的要求与IT类专业的水平相当。电力行业好单位的招聘要求高，一般不具备硕士以上学历的毕业生只能选择体制外的单位工作。总而言之，能力强的学生更容易在电力行业找到合适的立足点。电力行业虽然是垄断行业，但是仍然具有合理的人才淘汰机制，电力行业的工作并非绝对的铁饭碗。

3. 电力行业的门槛

电力行业的门槛相对是比较高的，对希望进入国家电网、甲级电力设计院、优质发电企业的电气工程的毕业生来说，"211"重点大学的电气工程专业的毕业证是最低要求。当然电力系统密切相关的18所高校的电力类专业也是值得考虑的对象——清华大学、西安交通大学、浙江大学、华中科技大学、重庆大学、武汉大学、上海交通大学、湖南大学、天津大学、东南大学、哈尔滨工业大学、华北电力大学、四川大学、河海大学、三峡大学、沈阳工业大学、南华大学、上海电力学院。这些大学的电力类专业最低分基本都高于一本线10分以上，在本省的电力类专业招生分数可能更高。一般来说，二本、三本层次的考生必须通过研究生考试考上更好的电力类高校，在就业的时候才会拥有一定优势。

11 化工行业

【高考志愿填报档案】

主人公：于少华　　　　　　高考时间：2007 年

就读专业：应用化学　　　　就读院校：国内某 "211" 大学

高考分数：550 分

　　漫天闪亮的星，在不同人的心中都有最为独特的一颗，它照亮了漆黑的夜晚。对于于少华来说，这颗星星就是化学了。初中接触到化学，他便喜欢上了这门课。这门课优异的成绩也给了他学习上无比的自信。这样的学生不在少数，许多学生偏科导致了后来学习变得力不从心。但于少华并没有严重的偏科情况，于是成功地被西南一所 "211" 大学录取。在选择专业时有个小插曲，父母希望少华报医科类大学。于少华从各方面渠道深入了解应用化学这专业后，在自己对化学的喜爱和坚持下，最终才与父母达成共识，选择了化学专业。

　　可以说化学照亮了少华之前的学业，也给他指引了一条喜欢的道路。在那时候，他的心中已经憧憬着以后的人生都在从事自己喜爱的事业。

　　懵懂的梦就这样开始了。一张火车票、一个行李箱，少华开始了他的另一段人生旅程。在大学中的学习他还是一如既往地努力。在社团活动中他也慢慢成了社团中的负责人。收获更大的是，在社团活动中他与其他人打交道提升了交际能力。一方面他是个学生，另一面他也是整个社团的负责人。于少华在两种角色中成功地转换。在同学心中，他是拿奖学金的尖子生；在社员心中，他是社团的主心骨。

　　大四，大部分同学每天穿着正装寻找着工作，于少华也涌入这股潮流中。早在大三时，他就给自己做出了详细的规划。大学是步入国企和外企的敲门砖，但除了优秀的成绩，少华觉得这样并不能完全保证他进入心中理想的企业。大三暑假他没有去学院安排的企业实习，而是自己投简历去了一所外企的实验室实习。

　　一张火车票、一个行李箱，上一次是步入大学，这次是为了走出大学。于少华去的是浙江的一家制药厂的实验室，少华的负责人是一个印度教授。开始于少华本以为自己在大学学习的东西足够让他在实验室轻松应对。但情形并非如此。在这段实习期间，于少华感受到了大学学习的局限性。首先是语言，实习中接触的基本都是英文，与教授交流也全是英文。其次，开始很多工作印度教授都不会直接将工作交给他完成，每天教授都要抽出部分时间对他们进行补习，直到符合教授的要求才会交给他任务。在这段时间里，于少华甚至感到学习强度超过了在校期间，不仅仅要学习英文，还要学习专业知识。值得说的一点就是于少华在社团中锻炼出的出色的交谈能力，让他成为教授最关照的人。有什么疑问可以直接找教授询问，而其他人却要自己查阅资料。至于实习工资，说白了就是廉价的劳动力，你去学习经验，别人利用你的劳动价值，各取所需。不过这里于少华还是很感谢那位印度教授，在他关照下，学到了很多东西。

暑假实习结束后，凭借着充足的实习经验，优异的学习成绩，于少华很快就拿到了一家公司的 Offer。而那个时候许多同学还在为 Offer 奔忙着。于少华去的是一家国内的石化单位。工资一个月 3500 多元，由于于少华是"211"院校毕业，工资相应的多了 200 元。但是问题来了，由于于少华进的是石化单位并且是新人，所以被分配到了一线。每天在一线上，于少华作为新人很多东西都要接触，十分累。这与他当初想象的做做实验的理想状态差得太远了。而且作为学生兵，吃苦耐劳在他这一代中很少能与上一代相比。每天下班后于少华一躺在床上就能直接睡着。于少华的工作地点在深山中，接触的都是身边的同事，单位采用的是轮休制度，假期往往也是在工作的地方度过，因为四面都是山，距离城区太远。

在石化单位工作了半年后，于少华就辞职了，再一次成为求职大军中的一员。这次他的目标明确了——实验室。

在广州一家制药厂，于少华又开始了与实验打交道的工作。工作之后他意识到需要学习的东西很多，这里他从心里感谢那位印度教授当初对他的指导。对于于少华来说，目前的生活状态是他最期望的，工作有时候很累，但他觉得很充实。工资的话比在石化单位低了不少，只有 3200 元左右，但他觉得自己还年轻，可以奋斗。随着工作能力的提高和年限的增长，于少华成为部门的负责人，工资也随之增加。一切都在蒸蒸日上。不过之后一件事情打乱了他现在的看法，单位里一个同事因为长期接触化学制品患上了癌症。虽然平时做实验有各种保护器具，但每天接触这些化学试剂，难免会引发一些疾病。其次，基本工资加上年终奖金每年有 10 万元，可上升的空间也不大。自从有女朋友以后，一些事情也慢慢在他的考虑范围内了：结婚、买房、买车、生娃……最后的结果就是拿生命与那么多化学试剂接触，最终也只是一个房奴。目前于少华在公司中逐渐地向行政转型，希望离开实验室的工作，以避免身体长时间接触过多化学物质。

【案例启示】

于少华这个案例又一次证明了高中和初中的学科爱好不能当饭吃，社会中的职业与高中的学科千差万别，如果于少华听从父母的建议报考医学类专业，或许更适合他的性格。殊不知，医学类专业也有研究员发展方向，也可以在实验室从事研究工作，而接触强污染物质的程度远远低于化工行业，但医院待遇的性价比远远高于化工企业。对于家长而言，填报志愿切勿完全由考生一手操办——考生对于专业和行业的认知是极为有限的，在"尊重学生的兴趣原则和自主选择权利"的条件下，多少学生误入一些被学校严重包装的专业，失去了本该有的大好前程。于少华的问题出在对化学的懵懂，天真地认为化学实验就是自己的兴趣爱好，一门心思只想读化学专业，而忽略了还有很多其他专业同样能够满足自己的兴趣爱好，而且可以提供相对良好的就业条件。

化工行业的 SWOT 分析

1. 化工行业的优势

化学工程师与电气工程师、机械工程师一样，属于社会最核心的工程师职业之一。

化工行业与电力行业、机械行业一样，属于社会的支柱行业。在全世界范围来看，化工企业的数量占据世界 500 强的五分之一，这充分说明了化工企业在世界工业体系中的重要地位。但中国仅一家央企化工企业上榜，必须值得读者注意的是，中国上榜世界 500 强的企业以石油、电信、金融、基建为主。因此，中国的化工企业在世界化工产品市场中没有太强的竞争能力和研发创新能力，国有化工企业基本上无法形成垄断寡头，国内化工行业属于完全竞争的工业。化工行业虽然是支柱，但是它与机械行业类似，自主研发的化工产品不多，大多数的产品仍然属于仿制品和逆向工程。不同的地方在于，化工行业的生产成本与复制成本远远低于机械行业，化工行业是几个为数不多的利润率高于全国平均行业利润水平的行业（其他几个为核电、石油、烟草、汽车）。同时，化工行业的产品虽然不为人知，如乙烯及其衍生品是工业领域最重要的产品之一，然而几乎没有行业外的人说得出其具体用途和重要意义，但是乙烯的用途在工业领域无所不在，其重要性和石油在汽车领域的用途相当类似。因此，化工行业的高端人才和民企老板往往是闷声发大财，一些民营化工企业虽然生产工艺落后，但是企业效益却相当不错。另外，化工行业是一个两极分化比较严重的行业，普通化工企业的职工月收入可能不到 4000 元，外企和一些效益良好的国企职工月收入可能超过 1 万元。化工行业的工业覆盖面极广——从垄断的石油化工,到技术含量极高的药品生产企业,再到通用工业化工产品生产企业以及高端的护肤品精细化工企业,还有食品化工生产企业等等,化工行业的覆盖广度决定了这是一个能够为化工专业的毕业生提供足够多技术含量不同的多种工作岗位的行业。

化工行业的知识迭代速度相对较慢,但是化工行业的创新仍然在世界工业革命中扮演着重要的角色。例如,化学工程可以将煤转化为与天然气类似的工业气体,以改变能源的使用方式——煤气燃烧发电相对于传统的煤炭燃烧发电拥有更高的能量转化效率;电池工业的发展与化工行业密切相关,如何合理、低成本地储存电动汽车的电能是化学工业最重要的研究方向之一——特斯拉电动汽车的诞生与化工行业的发展密切相关。因此,考生和家长不难看出,化工行业是一个以研发为主导的行业,学历和学校的化学学科排名对于考生将来的就业极为重要。从另一个角度来说,世界化工的研发中心不在中国,因此,化学工程师出国深造是一种更好的选择,并且化学的相关专业更容易获得发达国家的绿卡。而与此类似的土木工程师、机械工程师出国获得绿卡的难度都大大高于化学工程师。对于出国的化学工程师而言,转向高端医药化工研究是一个极具发展潜力的方向。所以,化学工程与电气工程——工业领域最核心的专业,都是最基本的手艺专业,知识体系与生产体系已有百年的历史,但是两个专业的发展都具备高精尖的方向,同时自身的发展又深远地影响着世界工业发展的方向。机械工程专业虽然同等重要,但是受制于材料科学的发展,机械工程发展的局限性极大。

综上所述,化工行业人才的发展存在比较严重的两极分化,普通高校的化工类毕业生只能算标准的蓝领,而医药制造、精细化工、石油化工等等行业的化工人才却拥有更多的发展机会与深造机会。超级名校的化工类毕业生甚至能够进入高端的 IT 制造行业工作——微电子电路板的制造已经达到纳米级,很多制造工艺必须依靠化工技术完成。同时,超级名校的化工类毕业生也能够进入投资银行这类高端的金融行业工作——化工行业的研发和创新对金融资本的吸引力十分巨大,唯有具备化工专业背景的高端专业人士才能够合理判断专业领域的技术创新的实际价值。例如,新一代电动汽车的锂电池的研发水平是否能够催生下一代工业革命?这对许多高级化学工程师来说也是一个非常好的创业机会,如果化学工程师拥有产业化生产某种具备市场价值产品的技术专利,或者发明了某种新的化工生产方式创造了更低的生产成本,那么投资银行会很愿意给这些化学工程师提供创业资本。从这个角度来说,高端的化学工程师相对于电气工程师和机械工程师拥有更多的创业机会和更低的创业门槛。

2. 化工行业的劣势

化工行业最大的劣势在于化学合成的过程以及过程中接触的化学物质会对身体造成长期的不良影响，不论是高端的化学实验室还是化工生产厂，化工行业的工作环境相对于机械工程、土木工程等工程领域都要更差一些。加上化工行业本身具有相当的危险性，这种生产试验过程中的危险性大大高于一般工业领域，其安全生产事故后果的严重性也远远高于普通行业。另外，化工行业与机械行业类似，都存在普通化工企业效益一般、待遇缺乏吸引力的基本特点。而高端的化工企业的门槛特别高，没有名校硕士以上的学历很难进入高端化工企业做产品研发工作。总而言之，与机械行业类似的是——化工企业的门槛很低，多数化工行业本科学历的毕业生都属于标准的蓝领，想要在这个行业取得一定成就，考生必须拥有良好的教育背景和高学历。

3. 化工行业的门槛

化工领域的顶级高校——清华大学、北京大学、北京化工大学、天津大学、四川大学、华东理工大学在国内化工行业的影响力十分巨大，同时这些院校的毕业生出国深造的概率也很高。中国石油大学、辽宁石油化工大学、西南石油大学在国内石油化工行业也有相当的影响力。选择这些化工优势院校的化学类专业就读对于考生将来的行业发展极为重要。如果是毕业于一般普通院校的化工专业毕业生，应该尽量考入前面几所有名气的化工高校进行硕士深造。就普通化工本科培养而言，国内的普通高校仅仅是进行基本化学与化工常识的普及，离成为一名合格的化学工程师还十分遥远，考生进入硕士阶段学习以后，化工专业的威力才能够逐渐体现出来。好在化工类专业历年都不是高考以及研究生考试的热门专业和方向，即使国内一流化工类高校的化工专业分数也远远低于热门的金融、建筑、医学专业，所以，对于对化学特别感兴趣的考生来说，这也是一个大大的福利。

12 资源行业

【高考志愿填报档案】

主人公：高　鉴　　　　　　　　高考时间：2007 年
就读专业：地质学　　　　　　　就读院校：中国地质大学（武汉）
高考分数：590 分

　　填报志愿对高鉴来说是一件简单的事情，因为自小以来，辽阔而神秘的大地就像磁铁一样吸引着他，所以高考估分结束后，他毫不犹豫地在第一志愿栏里写下了中国地质大学的名字。曾做过 17 年军人的父亲见儿子心意已决，也就放弃了劝他上军校的想法。其实父亲也挺希望儿子去搞技术的，35 岁之后的公务员经历让他疲惫不堪，他至少希望儿子别重走他的老路。

　　地大从接纳高鉴的第一天起就给了他归属感，蓊蓊郁郁的南望山宁静地注视着从它脚下穿越的一个个学子，它已经屹立了亿万年，厚重而又肃穆，它用自己的故事告诉这些稚气未脱的年轻人什么是地质。大学里的课程与高鉴想象的并无二致，最先是基础数理化学科、普通地质学，之后是岩石学之类的专业课。在学校时，他和同学们一同走进教室，倾听的是老师们对"见一石之微知乾坤之著"的诠释，而在每个暑假，大家会一同走向地质学学生真正的课堂——野外。对他们来说，大地就是最好的老师。三个暑假，他履及六省十几个县市，北戴河的海，周口店的山，本溪的云雾，枞阳的晨光……旅途的一切都足够让他流连。每一座山都有它自己的故事，如何被堆起，如何被冲刷，甚至在将来会如何被夷平。每一块石头都有可能反映出巨量的信息，或许桑田原是沧海，或许海水中矗起过高山，或许极地大陆本是古木参天，或许天灾曾经突降，万物皆葬。

　　野外实习生活让高鉴收获的不仅是地质学知识，还有餐风饮露、艰苦跋涉淬砺出的品格。地大的校训是"艰苦朴素，求真务实"，这绝不是空话。实习经历告诉他，肯吃苦才是合格的地质人。到大三实习结束后，他更坚定了自己的职业规划——做一名地质队员。大四毕业时，他与同学们一起立下志愿："把悠久的地球历史镌刻在我们的职业上，让祖国的山水在我们的脚下飞扬起来！"

　　四年的学习让高鉴知道了地质学是这样一门学科：它所研究的对象在空间

上通常很广大，需要在脑海中形成很宏观的三维构架，它所研究的对象在时间上跨度很大，其基本时间单位是百万年，这样一门学科很容易拓宽一个人的思想格局与人格格局。

因为出野外的愿望比较迫切，所以高鉴没有选择读研，当时地质行业还在持续着一个周期里最后的红火（行业起落为世之常情，地质行业也不例外），所以地质学本科生工作比较好找。大四那年秋天，面对一拨拨的招聘单位，高鉴也略微迷茫过，他想支援西部，但新疆和青藏地区离山西老家太远，他就先把工作地目标定在了宁夏，而宁夏地质单位招人很少，于是他最后选定了内蒙古。这个选择现在看来是正确的，内蒙古地广人稀，矿产丰富，各单位都比较需要专业技术人员，最关键的是内蒙古的长天阔地是高鉴很神往的地方。看到各单位对本科生的待遇都差不多（基础月薪 3000 元，野外补助 100～150 元，按单位效益发放一定额度年终奖金）后，他选择了呼和浩特一家蒙字号地质单位。他的选择也得到了父母的支持，工作地离家不到 500 公里。

参加工作的第一年秋天，高鉴被安排到一个煤田项目组，条件不算太艰苦，主要工作就是对钻孔及探槽采掘出的岩石所反映的信息进行编录（大部分的矿产项目都以这类工作为主）。工区苍穹高远，平沙无垠，野外空旷的环境告诉他这就是他要的生活。第二年，他又加入了单位的区域地质调查项目组。区调的主要任务是对选定地区的地质情况进行综合性的调查研究，这与他大学时所学的专业契合度更高，而以跑地质路线为主的工作形式更让他如鱼得水，在他的印象里，地质队员就是该装着罗盘放大镜、执锤翻山越岭。只不过在科技飞速发展的今天，他和同伴的口袋里多了数字掌上机和 GPS 定位器。三年间，高鉴跑了几百公里的地质路线，测量了几十公里的地质剖面，这些工作让他深刻地感觉到地球才是最好的老师，课本的知识只有与野外现象对照才能鲜活起来。

当然，相比于室内，野外的工作环境比较艰苦，餐风饮露是等闲，有时烈日飞沙，有时朔风刮面，这些都是他们必须承受的。高鉴所在的第二个区调项目工作区在阿拉善额济纳旗的戈壁滩上，工作环境较差，夏天工区地表温度常在 40℃以上，冬天山头的风简直能把人吹倒，驻地没水没电没信号，这些问题始终困扰着他和同伴们。他有些在东北林区工作的同事，即使在夏天也要穿得严严实实，因为那里就是各类蚊虫的"百科全书"。还有些同事在西藏高寒区工作，他们半夜睡觉都会被憋醒，因为缺氧。这些环境艰苦么？艰苦，尽管这些极端环境较为罕见，但要当地质队员的人就要做好面对这些环境的准备。地质人的选择就是如此，你选择了地远天高，选择了地球的悠久与厚重，也就一定程度上选择了崇山峻岭与艰难险阻。当然，各行各业都有艰难险阻，没有什么工作可以是不劳而获的，工作也是一场修行。

特殊的从业环境决定了地质队员需要有较强健的体魄和坚强的毅力，搞地质是真的需要跋山涉水，身体弱的人很难坚持。在这里尤其要说一下学地质的女生，因为体力相对较弱等原因，她们如果要从事野外地质工作，就需要克服更多的困难。

内蒙古的地质项目组一般在春末夏初赶往工区，开始一年的野外工作，收队时间一般在初冬。这个工作时间并不是统一的，南方的气候条件比较温暖，野外工作时间可以很长。野外的工作量通常是固定的，但工作时间比较灵活，出行经常受天气影响，是否上山需要酌情而定。相对于较为灵活的工作，地质行业的职业资格评定还是按部就班的，本科生毕业一年即可参报助理工程师评定，毕业五年可参报中级工程师评定。助理工程师评定需要的条件不多，中级工程师评定则需要合格的职称英语、职称计算机成绩以及一篇见刊的地质类论文。高级职称评选所需的年限以及条件更高。

一名老地质队员曾经说过，地质行业在某些方面与中医类似，从业人员的从业年限越久，野外经验越丰富，就越会受到同行的认可与推崇，从这方面来讲，"老地质"的名头确实同"老中医"一样。单位在招收员工时，应聘人员的工作经验也是非常重要的一项指标，相比于硕士毕业生，面向市场的地质单位更愿意录用已在野外工作过三年的本科毕业生。

近两三年来，地质行业整体情况的下滑是有目共睹的，国家对矿业开发的投资力度已经明显弱于 2010 年前，市场萎缩，内蒙古不少地质单位的效益已经不足以支持员工的年终奖金了。而高鉴的大学同学里硕士毕业的那一批也有不少面临着高不成低不就的两难境地，好的研究型机构不好进，普通地质单位目前的待遇又低于期望值，有继续读博士的，但他们大多都做好了毕业后去各高校当老师的打算。

行业起落对高鉴的从业心态没造成太大影响，毕竟这始终是他所爱好的事业。四年的工作也让他补足了对地质学的认知，他发现相比于其他类科学，地质学的"模糊感"更强。人类目前所打的最深钻孔深度也就十几公里，只是地球半径的千分之几，外加区域地质条件受很多因素影响，有时时间跨度极大，想高度精确地描述一个地区的地质环境是很难的。也正是因为这样，他相信地质学这门学科的潜力极大，其可研究性是非常强的。高鉴相信，只要一辈又一辈的地质人不懈努力，地质学的远景就一定无比辉煌！

【案例启示】

高鉴的择业历程是投身自身兴趣爱好的一个典型，他的奉献精神值得让人尊敬，高鉴的志愿填报方式相当值得有志于选择资源类行业的考生参考。他热爱地质，自愿走向群山旷野，去探索、去研究一块又一块历史久远的大地。当然，个中甘苦，其味自知。不过就如同他所说："你选择了地远天高，选择了地球的悠久与厚重，也就一定程度上选择了崇山峻岭与艰难险阻。"然而，"各行各业都有艰难险阻，没有什么工作是不劳而获的，工作也是修行"。只不过将兴趣爱好当作自己的事业的确会增加一个人对艰苦工作环境的耐受度。所以，花了这么多年去考试，面对志愿表突感迷茫的考生不妨问一下自己的心，它喜欢什么样的生活，它想去哪里。地质是一门实践性很强的学科，也是一项从业环境较为艰苦的工作，然而，"世之奇伟、瑰怪，非常之观，常在于险远，而人之所罕至焉，故非有志者不能至也"，如果你有足够坚强的毅力，如果你矢志扎入大地，那大地一定会还你一个瑰丽的人生。

【高考志愿填报档案】

主人公：田冀川　　　　　　　　高考时间：2008 年
就读专业：石油工程　　　　　　就读院校：西南石油大学
高考分数：595 分

田冀川从小在河北长大，但是由于老家在四川，所以他对四川有着特殊的情感，填报志愿时就是想走出河北，见识一下更大的世界，又因为他从小长在油田，对石油工程专业有很大兴趣，于是，田冀川选择了西南石油大学的石油工程专业作为第一志愿，并最终被录取。

因为从小生长在油田，田冀川的父母也曾经是奋斗在第一线的石油人，家里亲戚大多也在油田工作。他从小耳濡目染，对该专业有较多了解，也因而充满了兴趣。考虑到高考成绩刚好合适，以及学校的知名度，综合考虑了就业前景，他最终选择了西南石油大学。西南石油大学位于中国四川省成都市，是新中国创建的第二所石油高等院校，其石油工程学院拥有油气田开发工程（国家重点学科）、油气井工程（国家重点学科）和油气储运工程（国家重点学科），拥有我国油气工业上游领域最早的国家重点实验室（油气藏地质及开发工程国家重点实验室）。

广义的石油工程包含油气储运工程，在西方高校均属于一个专业，但由于我国受苏联的影响，将其划分为石油工程和油气储运工程。在这两个专业的具体抉择上，听长辈说，虽然石油工程毕业生的工作条件比油气储运毕业生更艰苦，但正是因为艰苦的基层工作经验，往往在油田能得到更好的发展，于是田冀川听从了长辈的建议选择石油工程作为第一志愿，将油气储运专业作为第二志愿。田冀川填报的石油工程专业是西南石油大学最好的专业，其学科全国排名常年在第一或第二位。按历年的分数看，石油工程是当时西南石油大学对考分要求最高的专业，其石油工程和油气储运工程在河北省招生均属于本科第一批次，在河北省报考一般需要超过一本分数线 20 分左右。

石油作为一种重要的能源，可以说是现代经济的血液。石油工业是我国国民经济的重要基础产业，由于经济的高速发展，我国在 21 世纪已经转变为数一数二的石油进口大国，石油已经成为制约我国经济增长的"瓶颈"。而石油工程则是一门研究将石油与天然气从地下通过人工建立的通道（钻井工程），根据制订的科学生产计划（油气藏工程），再通过一些工程措施（采油、采气工程）高效、经济地开采到地面并在地面输送、集输（油气储运）的系统工程。

在校期间，田冀川发现石油工程是一门交叉学科，涉及很多学科的知识，不仅要学习数学、物理、化学等相关的自然科学内容，还要掌握机械工程、电子工程、地质学等其他专业的基础知识。前两年，田冀川发现石油工程和其他工程专业的课程差别并不大，主要学习数学、物理、化学、力学等基础课程，以及其他工程科学的基础理论。大三开始学习与实践相关的专业课程，主要包括三大工程：采油工程、油藏工程、钻井工程以及天然气开发与开采等。大四伊始，石油工程的同学还要到油田第一线进行实践与学习，然后完成毕业论文。

田冀川发现由于石油公司大多有国际背景，对英语的熟练掌握以及对俄语、西班牙、阿拉伯语等其他小语种的学习可能会对将来的就业有很大帮助。找工作时，用人单位一般会要求学生英语过四级，有些单位还会要求英语通过六级，并可能用英文面试。田冀川在校期间积极学习专业课程，确保每学期的平均成绩均在 85 分以上。由于对英语有着浓厚的兴趣，他还加入了学校的英语社团，并因为较好的卷面成绩以及口语能力，在大三经过面试，成功进入一家世界500 强的外资石油公司实习。在实习中田冀川发现，石油工程的毕业生早已不是天之骄子，也需要到基层一线去，甚至会在事业早期从事部分体力劳动。作为实习工程师，也需要和普通工人们同吃同住，很多时候工作环境都比较恶劣：山区、戈壁、沙漠，甚至是与世隔绝的海洋都有可能是自己未来的工作地点。虽然当时只是一名实习生，对应的报酬没有自己想象的那么高，但是田冀川的这段实习经历对于其毕业后进入职场十分重要，不仅让他对石油工程专业有了更深的认识，更关键的是这段经历让他从几百份简历中脱颖而出。

石油工程的毕业生就业选择主要是国有企业，外资企业以及国内私有企业，一般规模都比较大，动辄净资产几十亿，几百亿甚至几千亿。因为石油行业，尤其是上游勘探开发是典型的高投入、高风险产业，规模太小的企业根本无力承担风险。目前我国国有石油企业主要有"三桶油"，即中石油、中海油、中石化，均为世界 500 强企业，均为中央直属企业，除此之外还有陕西省属企业

——延长石油。随着岩页气开发浪潮的到来，国家逐步开放被"三桶油"垄断的开发权，更多省属企业以及私有企业进入油气勘探开发领域。我国石油公司也在"走出去"，在世界很多地方都有作业和开发权益，但与我国有油气开发合作的国家有很多政局较为动荡，如伊拉克、苏丹等，但也有相对安全稳定的，如土库曼斯坦、伊朗、委内瑞拉等国家。如果把握机会还有可能外派到加拿大、美国、澳大利亚等国家。外资石油巨头，包括壳牌、康菲、雪佛龙、英国石油公司、哈斯基均为世界 500 强企业，其也在国内石油院校招聘毕业生，对毕业生要求较高，尤其是英文能力。除了甲方石油公司还有石油工程服务公司，斯伦贝谢、贝克休斯、哈利伯顿、威德福，还有国内的石油工程服务公司，它们都是乙方服务公司，主要提供技术服务，没有自己的区块，但优势在于技术创新，收入可能比甲方石油公司还高。

毕业后，没有选择外企的田冀川顺利地进入"三桶油"中的一家工作，进入某油田公司的二级单位（采油厂）担任助理工程师，并分配到以站为单位的生产单元，负责收集各井组数据，做简单处理后上报，以及日常站区维护等工作，作为站区少有的大学生，属于管理岗。其所在单位生活条件比偏远地区要好，空调砖房，有水处理设备，有卫生间，能洗澡，食堂伙食也不错。但是，没有双休日，休假制度与几个小站井组是绑定的，经常出现倒休不正常的状况，一个月不回家是常事。身边的同事很多是工作了十几年的老工人，虽然他们对工艺很熟悉，但是对背后的理论可能了解不足，对新技术的适应较慢。目前基层还是比较缺乏大学生，大学生如果踏踏实实在基层工作一两年，积攒足够经验后，一般就会进入机关走上管理岗位，或者在科研院所走上科研岗位。油田的领导大多也都是从基层一点点干起，慢慢提拔上来的，可见基层工作的重要性。另外，田冀川还发现，进入石油行业不一定要学习石油工程专业，很多学习机械工程、材料工程、化学工程、电气工程、地质相关专业、计算机专业，甚至外语、数学、物理、经济、管理专业的同学也可以进入该行业工作，但是要在石油行业获得更好的发展，多多少少要学习石油工程的基础知识，因此很多人也会利用业余时间继续深造。

国有企业工作稳定，但有时也会稍显单调，田冀川从在外资企业工作的同学那了解到，外企相比之下虽然没有国企稳定，经常要参加培训，并且考核、工作量也相对较大，在市场不景气时还会有裁员的风险，但是风险和收益并存，外企的工资相对较高，一般入职即可以达到 1 万元月薪，以后随着工作时间的增长还会逐步增加，而且经常会有出国培训与工作的机会，可以见识更大的世界。于是喜欢挑战的田冀川，在工作一年半后离职，准备英语考试，并最终出国留学。因为对石油工程的热爱，他还是选择该专业进行深造。目前他在美国攻读石油工程博士学位，最终职业目标是进入外资石油公司工作。

【案例启示】

回顾田冀川同学的经历，他属于典型的油田系统的子弟，他充分利用了身边的资源——家人、朋友、同学，去了解未知的事物，填报志愿广泛听取、咨询家人的意见，最终选定了父母所在的行业，并且充分利用了父母的行业资源，为就业打下了基础——近几年三大国有石油公司大量缩招，若非石油系统子弟，即使是石油类专业毕业也很难分配到二线管理岗位工作。

进入石油学校的田冀川虽然发现专业和自己的想象还是有些差距，但他没有松懈，保持了较好的成绩，并努力提高英语水平，适应石油行业的国际化。毕业工作后的他意识到了理想和现实的差距，但他没有忘记初心——挑战自我，见识更大的世界。因而他选择放弃了国企安稳的工作，重新拾起英语，出国留学深造，准备毕业后进入充满挑战的外资石油公司。

学习石油工程，找工作可能并不需要很强的家庭背景或社会关系，那是因为未来进入石油行业的你，在工作前几年面对的很有可能是茫茫的戈壁沙漠，是无人居住的荒山野岭，是遥望无际的蓝色海洋，但是，这些磨炼对于石油人来说都是必须的，如果你希望在你这一生能实现"为祖国加油，为民族争气"的誓言，那就坚信这点："对于任何一个愿意扎根大漠的石油人而言，永远只有荒凉的戈壁，但没有荒凉的人生！"

资源行业的 SWOT 分析

1. 资源行业的优势

石油、煤炭、铜矿石、铁矿石是社会发展的物质基础与能源基础，现代工业革命的起点源于资源与能源的使用，石油工程师、采矿工程师都是社会最核心的职业之一。中国拥有世界上最复杂的地质结构与相对贫乏的资源，中国的油田与矿井的开采难度大大高于世界其他国家。因此，中国的地质工程师、采矿工程师、石油工程师的技术水平堪称世界一流，中国的石油、地质类高校也拥有世界一流的教育水平和实验设备，应该说石油工程、地质工程、采矿工程相关专业的毕业生都具备相当的"手艺"能力。对于中国资源行业的一流高校的相关专业毕业生来说，选择去国外工作或者深造似乎是更好的一种选择——澳大利亚、新西兰、美国、欧洲都有相当多的资源行业的工作机会，尤其是近年来美国岩页气、岩页油开发的兴起给予资源类专业的毕业生更多出国深造与定居的机会。

另外，中国的资源行业属于强势的垄断行业，三大石油公司、神华集团等等大型资源型公司都是国有央企，中国石油号称亚洲最挣钱的公司，国内资源行业的人均利润率高是毫无疑问的。资源类专业的毕业生并不多，资源行业能够为相关的毕业生提供足够多的技术型岗位。由于资源类专业的技术多与"地下工程"有关，所以资源类专业的毕业生还能够选择其他相似的行业工作，如采矿工程、地质的毕业生可以选择地铁、道桥行业工作。由于资源类专业的学习内容与土木系密切相关，资源类专业的毕业生还可以走向岩土工程师的方向，转向基建行业发展也是可以的。具备硕士学历以上的资源类专业的毕业生还可以选择在中科院研究系统、地质勘查设计院、地质科学研究院、煤炭研究设计院等资源行业的研究机构工作，这些研究机构的工作环境与建筑设计院类似，均拥有良好的工作环境与收入待遇。

2. 资源行业的劣势

虽然资源行业的待遇相对不错，尤其是效益较好的矿山与油田，人均年收入 10 万元起，但是对于一些没落的矿山与油田来说，收入相对比较差。行业内的企业效益千差万别，越是效益好的生产企业条件越是艰苦，发展比较成熟的油田和矿山容易走向没落。这很好理解，一般新发现的资源开采难度小、效益大，开采到后期的资源虽然已经形成了资源型城市，拥有较为完善的教育、医疗等社会资源，但是企业人口负担重、综合效益差——国内早期形成的资源型城市已经面临相当多的社会发展难题（资源枯竭、人口压力）。这对有志于选择资源类专业的毕业生来说是非常好的启发，开采资源的地方生活环境一般相当艰苦，不论海上的石油平台还是沙漠中的石油平台，不论国内还是国外，资源行业的工作环境都相当的偏远和艰苦。因此，资源型工作显然不是一个舒适的职业。对于许多石油系统或者矿业系统的子弟来说，如果父母拥有非常好的行业人脉资源，资源行业是一个相当不错的选择，一些行业的肥缺自然会倾向于拥有行业人脉的毕业生。对于没有行业人脉资源的考生来说，如果没有较好的学历背景（一流高校相关专业的文凭或者资源类专业硕士以上学历），这些考生的工作可能就会真的面临困境——"我为祖国献石油"，献石油当然是需要青春作为代价的，一些资源行业的工程师一辈子的工作可能就在一个非常狭小的圈子和地区里面打转，收入也只能达到当地的社会平均水平。

3. 资源行业的门槛

顶级名校——北京大学、南京大学、中国科学技术大学、浙江大学的地质类专业都拥有非常多的出国深造的机会，这些院校的毕业生也拥有许多在国内资源行业研究系统工作的机会。主要为国内资源行业培养人才的高校集中在地质、石油类高校——中国地质大学、中国石油大学、中国矿业大学是最有名气的三大资源类"211"高校，这三所高校的毕业生拥有相当多进入资源行业研究系统的工作机会。综合型"985"大学——东北大学、重庆大学、吉林大学也在资源行业拥有相当大的影响力，这些院校的毕业生不但有机会进入资源行业的研究系统工作，也有进入大型央企工作的机会。一些地方性重点资源行业高校——西北大学、长安大学、昆明理工大学、江西理工大学、太原理工大学、西南石油大学、成都理工大学、石家庄经济学院也拥有一定的地方行业影响力，这些院校的资源类专业毕业生可以选择当地相对效益较好的企业工作。综合来说，资源类专业属于相对艰苦的专业，资源行业外的"非子弟"考生缺乏对该行业的了解，因此资源类专业的录取分数历年来看都不是太高。笔者建议分数相对较低的考生可以报考普通高校的资源类专业，通过考研究生以获得更高的就业质量。

13 材料制造与冶金行业

【高考志愿填报档案】

主人公：郭明维　　　　　　　　　高考时间：2001 年

就读专业：材料工程　　　　　　　就读院校：上海交通大学

高考分数：671 分

　　郭明维不是上海人，当时填志愿就想离开家乡到外头闯闯，而上海是他的首选，上海交通大学又是郭明维从小就希望进入的大学，因此第一志愿则顺理成章地填了它。当时他的父母也没给他太多意见，一来他们自己对考大学没经验可谈，再者上海交大是上海数一数二的名校，只要郭明维能有把握，他们自然没什么好反对的。

　　郭明维所填的上海交大第一志愿专业是通信工程。按历年的考分看，通信工程是当时交大考分最高的专业。郭明维觉得那时候国内通信事业刚刚起步，毕业后可能有较好的前景，且自己对这个专业也挺感兴趣的，所以将其摆在了第一的位置。第二专业填的就是郭明维后来所读的专业——材料工程。其实那时郭明维对它几乎一无所知，也许就是名字听上去蛮像那么回事儿，就糊里糊涂地觉得它会和通信工程专业一样前景光明。最后成绩和录取通知书下来，如郭明维所愿进入了上海交大，只是没进第一志愿，而落到了那个不知详情的材料工程专业。

　　进了大学以后，郭明维骤然发现原来材料工程专业所开的课程是真的无聊。材料就是指金属材料，材料工程即为金属材料加工，说白了就是以前焊接、铸造、锻压的专业。当然，学校还加了一些课，比如表面材料等，其用意在于扩大学生将来的就业面。当时，郭明维对材料工程的前景很悲观，工作条件那么差，工资又是互联网的一半儿，是金融的三分之一，怎么想怎么没有希望。

　　大一大二是空闲的，平时郭明维总去图书馆玩电脑或者看书。大一没有打工，课余时间大多花在看书和参与学校团委的工作上，因此在老师和同学眼中，郭明维就是一个好学生。到了大二，郭明维觉得课程实在太闲，认为自己有能力再读一个专业，也就是通常所说的双学位。上海交大对于学生攻读双学位有一定条件限制，每年只有成绩排名处于班级前 5 名的学生才有资格申请攻读双学位。上海交大提供给理工科学生攻读双学位的第二专业有机械、电子、计算机、工业管理等。郭明维就在计算机和管理两个专业里做了选择，最终选了工业外贸，是管理类的。正式开始学习后，课余时间明显较大一大二少了很多。

转眼就要毕业了。当时有几种选择放在郭明维面前，一是留校做辅导员，二是找一份工作。很多人考虑出国，但在郭明维周围并不流行，可能与身处的环境有关吧，他没有一种强烈的欲望想要出去。最终，郭明维选择了找工作。毕业时，郭明维手里就有三四份 Offer。这个专业真正能对口的职业几乎都需要丰富的工作经验，或者就是在科研所里做研究，这不符合郭明维的性格。郭明维给自己定的目标是外资企业，因此最后选择了一家外资的半导体公司，可以算是他的第一份正式工作。

刚进公司，郭明维被派做技术员储备，也就是后备技术员，好比足球队里的替补队员一样。那时他就与普通工人一样在流水线上，三班制，非常累。后来有一个质量部的经理觉得郭明维在那一批大学毕业生中比较有潜力，就把他调去做质量控制。

刚毕业时郭明维不适应上班的节奏，工作使他感觉压抑，再加上生活的拮据，在做了 11 个月之后，他辞职了，告别了第一份正式工作。辞职后郭明维进了另一家跨国公司，从事质量保证工作。质量保证与质量控制的区别在于后者注重产品质量和生产线的控制，而前者除了在产品质量的保证外，更多地融入了整个公司的管理运作，涵盖面更广一点，郭明维觉得也许这才更适合他的性格。在这家公司的 3 年里，郭明维的月薪从开始的 4000 元逐年递升，并使他的生活状况有了一个跳跃，可以不再为生存问题而烦恼，而将更多的精力放在将来的发展上。现在郭明维就职于一家德国的跨国公司，做的也是质量监控方面的工作，月薪有一万多元，可以说，稳定的工作给了他一个稳定的心态。

近几年来，材料工程专业毕业的同学已经不再局限在某某钢企这些特殊领域了，这也是材料工程形势良好的表现。进研究院、汽车厂、各种私企，大家的路越走越宽。材料工程专业的女生相比之下确实没有男生好找工作，但是要找也肯定是能找到的。女生在校学习成绩一般都非常优秀，大四时大部分同学保研或者外推了。材料专业下面的分支非常庞大，金属、高分子、陶瓷等等，每个学校的侧重点不一样，所以就业去向也有所差别。总的来说，找份工作肯定是不成问题的，但是高薪就比较困难了，和金融、软件、建筑相比差得太远，"发不了大财，但绝对能吃饱饭"。进入工程机械、制造类行业的毕业生，刚开始都会到现场学习一段时间，半年、一年甚至更长，基本要经历工厂轮班制度。

说到考研，材料专业本科生和研究生的待遇相差还是很大的，应该读研究生。本科虽然找工作容易，但是好工作很难找，平均工资都较低，现在才毕业的大学生平均月工资也就 4000 元左右。材料考研的人多是因为研究生和本科生的待遇确实相差很大，工作环境也有很大差距。从目前大体情况来看，本科生基本月工资 3000~5000 元，硕士就有 7000 元左右，差距颇大。

现在很多高中毕业生或者大学毕业生会选择出国深造。如果出国读材料工程专业的话，德国、美国还有日本都是很好的选择。德国一直以来都是重工业发达的国家，金属材料发展也走在世界前端。美国就不用说了，现在大部分优秀的专业都云集在美国。如果去美国的话，他们很看重本科的知识，如果想要转专业，除了需要 GRE 的 General Test 成绩外，还需要 Subject Test 的成绩，也就是专业 GRE 成绩。至于日本，有一所大学叫日本东北大学，它的金属材料研究所号称日本的"钢都"，日本的很多国家级实验项目都在那里进行。对于入学难度来说，以美国为例，这两年新兴的材料比较火，像新能源材料、高分子材料、无机材料等，这些材料的发展很快，知识更新得也快，在美国大学中该类专业竞争力大些，需要很好的自身条件才能申请成功。金属材料是永远不会过时的材料，它的发展已经有了很深的基础，它在美国也不算太热门的专业，比较容易申请，但在学校不容易有大太的创新。还有一条路就是研究材料科学方面，也就是材料物理、材料化学等理科的方面，这个方向也比较容易申请。

【案例启示】

回顾郭明维的志愿填报的经历，盲目性、追从名校是主要的特点。他进大学时对材料工程专业究竟学什么、将来的就业情况都不了解，也未能知晓这个行业在国内的发展现状和前景，可以说填报志愿是十分草率的。一直到进了校门，郭明维才发现在这个领域，我国还处于比较落后的状态，提供给科研和开发等研究工作的大环境还不是很成熟，而他也渐渐发现将来所谓学以致用的出路——从事研究工作并不适合他的性格，因此在学校里他已开始注重自己各方面的综合发展，包括选择管理类的第二专业以及结交很多朋友、锻炼自己的社交能力等等。所以在选择专业时一定要谨慎，不仅要了解专业，还要了解行业背景。另外，还要学会不断检验自己，及时发现问题并修正自己的错误。就好像毕业后的第一份工作，它往往决定了一个人将来一生的就业方向，而郭明维的第一次选择并不适合他，好在他及时发现，及时调头，才有了现在的事业。这也是个人能力的重要部分，是课堂里学不到的。

【高考志愿填报档案】

主人公：王学通　　　　　　　　高考时间：2008 年
就读专业：冶金工程　　　　　　就读院校：重庆普通二本院校
高考分数：569 分

王学通来自于一个四线小城的农村，一直以来都是一个很听话的孩子，在上学的时候一直都是学习委员，所有的老师也都非常喜欢他。成绩一直都是班级的前三名，典型的三好学生。在 2008 年高考的时候，刚好遇到经济危机，虽说王学通待在四线小城的农村没有感受到经济危机的冲击，但是来自电视及其他人嘴里的"工作不好找啊，没有工作啦"之类的话及情绪都深深影响到了他。王学通的高考成绩不够理想，一度想到要不要复读，他向堂姐进行询问，堂姐告诉他"早一年，就能早一年接触社会，二本也不错"，再加上他当时感觉自己要是去复读会很没面子，就决定直接去上学了。在填写志愿的时候，家里人都不知道如何填写，只有他自己做决定，这样也挺好，没有人干涉。但是因为受到了负面情绪和信息的影响，同时家里的经济条件也不好，父母一直在打工，他心里就想着一定要找个稳定点的，绝对能好找工作的专业。因此在厚厚的院校招生目录里面找出了几个专业，分别是石油工程、冶金工程、机械设计与制造、化学工程等。选择的专业全都是与大型工业有关的，尤其是石油工程与冶金工程这种重工业，想到工厂里面需要几万人工作，同时又是不可能倒闭的行业，毕业之后去石油或者钢铁企业绝对有工作可干。抱着这样的心态，王学通开始选择符合他分数的院校，最后在重庆的一个二本院校发现同时拥有石油与冶金两个专业，且都是这个学校的王牌专业，于是就在填写志愿时把第一、第二个志愿填写了石油工程与冶金工程。最后录取的冶金工程符合自己的心愿，也就很高兴地去读了。

在大学里面大一与大二时都是普通的基础课程，一切都很正常。在大二上学期的时候有一个实习称为认知实习，就是让学生们了解钢厂是什么样的。因为重钢与他们学校关系比较紧密，学生们就去参观了重钢。那是王学通第一次去钢厂，真是印象深刻！道路上都是粉尘，有时路面的灰尘能够把鞋淹没，高温、粉尘、噪声，环境真是太恶劣了。在实习结束之后，同学们讨论这个行业的时候，有些同学直接就表明以后不会进入本行业了，实在是受不了。大三、大四就是专业课程与实验，一切都枯燥无味。在毕业季，学校组织双选会，各公司到学校来招人。本专业在大三时分了不同的方向：钢铁冶金与有色冶金。钢铁冶金，顾名思义，方向就是钢铁方面的专业。有色的方向就是稀有金属的冶炼，比如铝、铜等。在公司招聘时几乎所有的钢铁企业都不招收女生，招收女生的钢铁企业条件也是极其苛刻，普通企业因为专业不对口也不招收，最后整个专业里面的 7 位女生都去了中国铝业重庆分公司。男生工作倒确实好找，但是好企业不好进，武钢只有两个名额，宝钢、首钢根本就没来。其他都是中国南方的一些普通钢铁企业。王学通因为家在山东，不希望离家太远，就等着山东的企业过来。不久山东的日照钢铁来学校进行宣讲会，他也就直接顺利签约，完成了"卖身"的手续。

毕业后王学通只在家里待了 7 天就直接去公司报道了。首先是在集团公司进行集体培训，然后就被分派去不同的分厂。钢铁集团里面不同的分厂就意味着不同的待遇，不同的工作环境，不同的晋升路线。总的来说就是炼钢好于炼铁，炼铁好于烧结。当然还有个电厂也是非常不错的。很不幸，王学通被分派去了烧结厂。

毕业生们进入烧结厂之后，进行了安全等方面的一系列培训，就分派到各个车间里面去。王学通应该算是一个幸运儿，进入了一个不错的车间。车间里面的工作比较枯燥，也很脏很累，但是工友们都感觉一个大学生来到他们中间实习，并向他们学习是一件挺有趣的事情，大家也就比较照顾他。但是即使是所有的人都照顾他，让他少干些活，每日他的身上也会有一层厚厚的铁矿粉，下班之后衣服随便哪个地方一拍，就有一朵小小的粉尘蘑菇云腾空而起。日子一天天过去，王学通把整个车间内所有的工作岗位都学了一遍后，也就到了春节。在同学们互相拜年的短信中，大家相互交流了半年以来的状况，进入钢铁企业的同学已经有一半辞职并永远地离开这个行业了。和王学通一样进入烧结厂的学生从刚开始的 20 人，到了春节也就仅剩下了 10 个人了。这个行业太苦，太累，也太脏了！

在过完年之后，王学通也从实习生变成了正式职工，开始了企业里面的正式工作。由于行业的原因，厂里根本就没有多少大学生，留下来的也不知道在什么时候就辞职了，所以整个烧结厂里当时近一千人，本科及以上学历的不到 20 个人。在这样的情况下，王学通也就顺利成为车间里面的技术员。技术员的工作是比较简单的，每日到各个生产工序上检测工序有没有按照规定进行，有偏离的就进行汇报或者进行纠正，再有就是检查一下各种设备是否可用，是否缺失。当然现场有问题也要及时地反映给车间主任。工作比较清闲，工资也低，实习的时候月工资是 2600 元，转正之后也就是 3000 元。过了两个月，厂里面的技术科开始招收新的技术员。所有过完年还在厂里的并且从事生产的大学生都报名了，经过考试，最后剩下的 6 个人有 4 个进入厂级的生产技术科，成为厂级的技术员。厂级的技术员的工作就更加轻松了，每日代表厂级对各个车间进行检查并且开始和别的厂沟通相关的业务，脱离了生产一线。王学通在厂级的技术科任职了 8 个月后，有两个名额的工长空缺，因此再次经过考试，他顺利拿到了一个工长的名额。

成为一个工长就意味着重新进入生产一线，并且需要对所有的生产环节进行把控掌握，需要自己带领着一帮子兄弟安安全全顺顺利利地扛起每次 8 个小时的生产任务。生产一线是倒班制，执行的是四班三倒，两个白班，两个中班，两个夜班。刚开始的时候王学通感觉内分泌已经失调。尤其是在夜班的时候，从零点开始一直到早上 8 点，期间整个人感觉非常崩溃，生产需要持续，不能有一丝懈怠。每年只有 10 天的带薪假期，没有法定节假日，没有周六周日。王学通在任工长期间有两次春节是在上班中度过的，都是大年初一的夜班，守着新年的钟声开始了 8 个小时的工作。大部分的人在这个时候是一家人团团圆圆地在一起守岁，看着春晚说笑着，温馨而快乐，而王学通和他的这些工友们则守在自己的工作岗位上，冷冷的机器，烦躁的皮带，发出噪声的设备在照明灯的灯光里投下长长的落寂的影子。冬日的狂风在厂房内肆虐，工人们守护着设备，仿佛守护着自己的家人一样。

时间过得很快，王学通在工长这个职位上干了一年半以后，因为集团公司整体组织构架要进行变更，又有一个新的部门需要成立，因此报名进行面试。因为自己在一线工作的原因，王学通顺利进入了新的部门，成了一名工程师，完成了从普通技术工人向工程师的转变。在成为工程师之后，接触的层面开始加深，并且较原来有了更开阔的视野。王学通清晰地认识到现在的钢铁行业是如此的脆弱不堪，产能是如此的过剩，市场竞争是如此的惨烈。在行业里没有赢家，都是输家。这个行业已经彻底地成为夕阳产业。同时这也意味着王学通的前途也将是一片灰暗。

【案例启示】

就业容易不等于就业质量高，一些容易找工作的专业，如市场营销、冶金工程、机械工程、材料科学与工程等都非常容易在社会上找到工作，但是这些工作岗位的收入低、行业大面积企业效益差是普遍现象。所以，填报志愿仅参考就业难易程度是远远不够的。从行业的垄断性、技术含量的高低、行业门槛的高低等角度进行综合评判才是选择专业和行业的合理模式。案例中王学通所在的钢铁行业便是一个亏损严重的典型的夕阳行业——工资水平低，行业发展存在严重瓶颈，企业资金压力巨大，选择这样的"问题"行业对考生来说无疑有相当大的生存压力。

材料制造与冶金行业的 SWOT 分析

1. 材料制造与冶金行业的优势

材料行业和机械制造行业类似，都是最基础的工业领域，最为直接的企业便是铝业公司与钢铁公司、水泥建材公司。有色金属与钢铁公司都拥有极为庞大的经济体量，每个地方性国有钢铁公司几乎都拥有数万以上的员工，这些巨无霸公司能够为材料专业的本专科生提供足够多的工作岗位。在汽车行业，材料专业与机械专业的区别并不大，尤其是材料成型与工程专业可以很对口地进入汽车制造行业工作。材料专业覆盖的面很广，金属冶炼、无极非金属制造、高分子合成、新能源电池制造、汽车制造等等行业都可以为材料专业的高校毕业生提供工作机会。对于高端的材料工程师来说，选择进入材料行业的研发部门是非常好的选择，但必须是名校硕士以上的学历。材料工程师与机械工程师类似，都是越老越吃香，材料研发中心的工程师更有优势。另外，材料专业的毕业生也有相当多的机会选择到机械制造强势的发达国家进行深造，尤其是德国的材料制造行业极为发达，不论是高校科研水平还是企业研发水平，德国的材料科学研究均居世界前列，希望从事科研的考生可以考虑材料科学方向的专业。

2. 材料制造与冶金行业的劣势

材料行业的劣势十分明显，如果不是特别热爱研究材料、耐得住枯燥和寂寞、愿意长时间重复做实验的考生，或者拥有极强材料行业家庭背景的考生，笔者一般不建议选择材料类的专业。目前从国家材料行业发展的情况来看，钢铁行业、有色金属冶炼行业都是亏损的重灾区，产能过剩是国内材料行业的普遍状态，另外材料行业是一个比机械制造业更加需要资金的行业——一个超级资本密集型行业，机械行业可能有很多中小机械制造企业，但是材料行业几乎没有中小企业能够生存。因为，中国的多数金属矿石都很贫乏，这对中国的材料企业来说就是一个命门：国际矿石的期货价格直接决定行业效益的好坏。材料行业的企业必须依靠银行的巨额贷款资金进行周转才有可能在巨幅波动的市场中生存下来，如果缺乏政府在金融方面的支持，普通民营企业很难在钢铁行业生存，综合这些因素，导致了中国的材料行业由国有企业扮演主导角色。

由于中国材料行业的发展多数不是靠人才的竞争，而多受制于资本的限制与国际矿石期货价格，那么显然国有企业为主导的材料行业对普通材料人才的发展存在种种体制性的限制。并且这是一个完全竞争性的市场，毫无国企垄断市场的可能性，因此材料行业的工程师多数的工资单都不那么好看。最典型的案例是，武汉钢铁开始投资养猪业，一吨钢铁的利润甚至不如一斤猪肉的价格。虽然材料行业的亏损严重，但是钢铁企业等等巨无霸企业关系到数万人的就业岗位，政府与金融系统不会轻易地将严重亏损的巨型国有钢铁企业作破产处理，所以钢铁企业的工程师仍然能过着不好也不坏的生活。

本科与专科层次的材料工程师多数都过着标准蓝领的生活，部分材料科学的硕士生相对来说拥有不错的白领生活质量。整体来说，材料行业只是一个能提供相当多工作岗位的行业，但是就业质量属于比较差的行业，因此材料行业的工程师收入属于基础工业领域中同等级别的技术性人才中收入最低的。即使对于国内材料学博士来说，仍然面临较大的找工作压力。材料科学的研究容易受到化学等基础学科的冲击，材料工程的研究又容易受到机械工程等应用型学科的冲击。因此，材料专业的毕业生处于一个相对尴尬的地位，专业技术含量受到资本属性的冲击，工程师的技术性收入得不到应有的体现。唯一值得庆幸的是，这个行业虽然发展受到种种瓶颈的限制，但仍然是社会的基础性行业，绝不是一个夕阳行业，在一些新兴的材料细分行业中仍然能找到材料工程师的用武之地。

3. 材料制造与冶金行业的门槛

材料行业的入行门槛是相当低的，不但材料科学与工程、冶金工程专业的本专科生都能够轻易进入钢厂、铝厂、水泥建材厂工作，机械相关专业的学生也能进入材料行业工作。值得推荐的性价比较高的材料方向的高校有北京科技大学、四川大学、中南大学、东北大学、吉林大学，这几所学校录取分数都不是太高，而学科排名均居前。

14 小语种行业

【高考志愿填报档案】

主人公：耿　强　　　　　　高考时间：2011 年
就读专业：法　语　　　　　就读院校：北京外国语大学
高考分数：548 分

　　耿强的父亲是某知名大学的文学教授，精通英语和阿拉伯语，其特别喜欢《圣经》，家里的书房中摆满了许多与《圣经》有关的书籍。受父亲的影响，耿强也对《圣经》有着特别的感情，他最喜欢的是《圣经·旧约·创世记》第 11 章中的内容：上帝为了阻止人类联合起来兴建通往天堂的高塔，于是让人类说不同的语言，使人类相互之间不能沟通，从而导致人类计划因此失败，人类自此各散东西。这个章节的内容都是阿拉伯语，虽说有父亲翻译，但他更想通过自己对阿拉伯语的理解来认识巴别塔的故事，于是他做了一个决定——他要报考阿拉伯语专业。

　　一直以来，耿强都不相信这世上存在"造化弄人"的事，直到自己遇上时。在专业填报时，他觉得自己填报的北京外国语大学王牌专业之一的阿拉伯语存在录取危险，于是在志愿栏中多填了服从专业调剂。结果正如他所预料的那样，自己没被阿拉伯语专业录取，反倒是被调剂到法语专业。虽说法语和阿拉伯语的学习难度有着天壤之别，在坊间有言，阿拉伯语和汉语是世界上最难学的两大语言，而法语相对来说要简单一些。尽管如此，耿强仍不改初心，准备复读，可当时的复读形势不太好，加之父亲的反对，他只好硬着头皮去学了。

　　进入大学后，他发现身边有不少同学都跟自己有着类似的遭遇，他的这种感觉其实有点"孕妇思维"，即一个人未怀孕时不会觉得身边有很多人都是孕妇，而当自己是孕妇时会突然发现身边有好多人都是孕妇。他发现，身边的同学张军第一志愿填报的是汉语言文学专业，因为手贱填写了服从专业调剂，结果被调剂到了法语专业，同学孙森森第一志愿填报的经济学专业，结果因为专业调剂也被发配到了法语专业……

　　尽管造化弄人，但古语有云，"既来之则安之"，耿强只能入乡随俗地学习法语了。在专业学习过程中，他慢慢对法语产生了兴趣，他觉得法国人说的一句话挺有道理，"如果把英语比做小学生的话，法语就是博士后了"。虽然有些夸张，但法语的严谨与精确的确是世界诸多语言中数一数二的，在纯正标准的法语中，很难找到可以玩文字游戏的破绽，联合国之所以把一些重要的文件用法语备案，也恰恰是看中这一点。当然，"博士后"的"美誉"是以其繁杂的语法、众多的动词变位和飘忽的单词阴阳性等"不近人情"的规则为代价的。

耿强很快就接触到了法语专业课，有法语听力、法语语法、法语口语、泛读、词汇学、法语应用文写作、法语写作、法语影视鉴赏、法国文化、法国文学、法语试听、法语口译、商务法语等，尽管课程不少，但是设置的每一门课程都很重要，而且都有一定的规律，比如精读和听力是一直贯穿专业学习始终的，精读课分为大一基础法语、大二中级法语、大三高级法语。而在学习时，特别要打好语音的基础，刚接触法语课本，会发现上面的单词都是没有音标的，这让新生们感到诧异，事实上，法语单词的音标只有在字典中才会有完全的标注，这是为什么呢？因为法语的发音是有规则的，如果对法语稍有接触就会发现，法语区别于英语最直观的地方就是在某些字母上面会有一些音符，诸如"é，à"之类的，这其实是用来确定字母发音的，所有带音符的字母发音都是唯一的，对于其他不带音符的字母，其发音会因在单词中位置的不同而不同，但也都是固定的有规则的，利用规则就可以像拼汉语拼音一样来读法语单词。所以说，掌握了法语的发音规则，法语的拼读就算是解决了。即便给一篇一个单词都不认识的文章，也可以在不依赖其他任何帮助的情况下把它读下来。

通过四年专业学习以及与学习阿拉伯语、西班牙语等小语种的同学交流，耿强发现不管是学习何种语言，要想学好首先得对它感兴趣；其次是要够勤奋，耐得住寂寞，顶得住诱惑；还要结合专业学习争取多考级，四级、六级、八级，越高越好；最后要多参加一些社团活动、社会实践活动，让专业知识更加丰满，让自己的综合能力进一步提升。

对于耿强而言，大学四年过得有点快，他觉得自己专业知识还没学到位就已经到了大四下学期了。这个学期主要是写论文、实习、找工作。眼看身边的同学都在火急火燎地找工作，他也按捺不住了，带着做好的简历参加了好几场校园招聘会，也在智联招聘网、本地人才市场网等投递简历，当然也接到了好几个 Offer，但是他还在观望。与此同时，他还加入了考公务员的大军，最终以笔试第一、面试第一的成绩成功进入了商务部。

经过近半年的求职生涯，他感到法语专业还是很有前途的，幸亏当初误打误撞到了法语专业。他了解到，世界上有两亿多人口正在使用法语，掌握了法语，也就意味着有了一张通向包括瑞士、比利时、加拿大、非洲等在内的五大洲 47 个不同国家的特殊"护照"。

2015 年 6 月，耿强即将离开母校，这时他受学生会之邀，专门为学弟学妹们讲了一堂法学专业就业前景课，希望以此能激发他们的学习热情。他在讲座上告诉同学们，学习法语专业大有可为，用武之地主要有七个方面：一是考公务员。"学而优则仕"，在法语圈若有这样理想的人，考公务员是一条捷径，招考法语公务员的一般有外交部、商务部、中联（中共中央对外联络部）这些中直机关，也有一些省市的外事部门，总体而言，大部分都是很体面的机构。二是新闻传媒机构。新华社、国际广播电台、外文局、人民网、中国网一些国际性新闻传媒机构对法语毕业生有一定的需求，虽然这些单位不是政府机构，但都是党和政府的喉舌，由政府拨款，也就是大家常说的事业单位。因为是媒体机构，他们对法语水平的要求较高，而且有诸多的条件。比如说新华社除了法语水平之外还得要求你英语六级；国际广播电台还会考虑形象气质、音质、性格是不是符合相关的岗位需求；外文局、人民网等基本都得要研究生学历的。三是教师。法语教师是吸收法语专业毕业生的很大一块，几年前本科学历还可以，不过目前大城市都要求是研究生及以上学历了，因此继续深造还是很有必要的。四是到非洲。随着近几年中国企业在非洲投资增加，对法语专业学生需求量大增，工资待遇给得也很高，因此非洲是目前法语专业学生就业的主战场。去非洲的机会很多，其中也不乏中建、中水、中土、中林、中兴、华为这样的大公司。五是法资企业和中法合资企业。神龙、标致、米其林招法语专业的多一些，法航也有招。像"超女"尚文婕毕业于复旦法语系，成名前在上海的一家法资企业工作，一年后升为总经理助理，媒体报道的月薪是 6000 元。六是法语培训机构。随着近年来的法语热，学习法语的人也越来越多，在一定程度上也为法语培训机构创造了市场，更为法语专业人才提供了很好的就业机会。七是出版社。像外研社、译文等等一些出版社都有专门的法语工作室，主要工作是编辑和校审，也有负责对外联络和市场的。

如今，耿强已正式入职商务部，过段时间将被派往非洲，未来 2～3 年他将在非洲度过。但耿强满怀豪情地说："与非洲人民一起建设非洲，为世界和平贡献微薄力量，我自豪。"其实，2～3 年时间很快会过去，而届时耿强回国，等待他的将是灿烂前途。

【案例启示】

耿强的案例说明，在填报志愿的时候必须做数据分析，否则录取结果就会"失之毫厘，差之千里"，而最重要的参考指标即是参考某高校某专业最近三年的录取位次，通过比较录取位次的高低、趋势，判断是否能被这个专业录取。如果不能被自己看中的专业录取，那么最重要的事情便是放弃这个学校，而不要过多留恋、患得患失。应该说耿强还是相当幸运的考生，虽然没有学到高富帅的阿拉伯语，但是凭借教授父母遗传的聪慧天资，他仍然能够通过难度极大的国考成为国家外交官，前途一片光明。而换为其他考生，失去高富帅的阿拉伯语的录取机会是远远得不偿失的，很多人容易忽略到阿拉伯国家的留学机会，也更容易忽略阿拉伯国家的富裕和发展。而法语的多数毕业生都是走向贫穷的非洲工作，虽然也有一些机会，但毕竟一个是发达地区，另外一个是欠发达地区，工作的环境自然也是千差万别。

【高考志愿填报档案】

主人公：姜小青　　　　　　　　高考时间：2008 年
就读专业：西班牙语　　　　　　就读院校：上海外国语大学
高考分数：603 分

　　姜小青是中央电视台驻西班牙的记者，说起与西班牙语的缘分，他微微一笑，记忆回溯到 20 世纪 80 年代。那时他还是福建山区农村一个普通农民家庭的孩子，因为穷，买不起电视，他只得到邻居家"蹭看"，然而吃闭门羹的事常有。父亲见此，一咬牙将卖竹笼的钱都拿了出来，买了一台黑白电视，见此姜小青手舞足蹈，开心不已。一天，全家人聚在一起看电视，当看到西班牙斗牛节目时，姜小青一下子被吸引住了，他觉得斗牛是一件很霸气的事。此后，在一次放牛时，他模仿斗牛的样子，扯着一块红布在牛跟前晃荡，险些酿成悲剧。尽管如此，西班牙斗牛深深地烙在了他的脑海里。

　　后来，从村里到镇上，再到县城，一晃十几年过去了，姜小青也顺利完成了小学、初中、高中教育。高考结束那一年，也就是 2008 年，按照当时的志愿填报规则，都是学生自己估分，然后再填志愿。在反复对照参考答案进行估分的同时，他还在网上查找那些他中意的高校在西班牙语专业上的历年录取分数线，他发现，上海外国语大学的西班牙语录取分数线一般在 590 分左右就可以上，四川外国语大学基本在 580 分就可以考取，而北京外国语大学得 600 分左右，为了求稳，且考虑到上海作为国际化大都市在政治、经济、文化方面的重要地位，最后他报了上海外国语大学，并且最终被顺利录取。

　　然而对于姜小青的选择，班主任和同学们都很不解，西班牙语属于冷门，市场职位少，就业前景差，而姜小青凭借自己的高分完全可以选择一个热门专业。但是姜小青不以为然，他有他的理解，他知道西班牙语的应用范围很广泛，全球有 4 亿多人在使用西班牙语，是 30 多个国家的母语，而国内西语人才稀缺，特别是在中国加入世贸组织之后，中国和西班牙以及拉美之间的贸易往来越来越密切，西语的市场将会越来越大。不仅仅如此，他还看到了西语有着很大的潜在市场。在我国尤其是许多沿海城市有很多的西班牙和拉美公司，或者企业的代表处。另外，中国是个旅游大国，每个地方都有不同的特色，随着中国文化在世界上的不断弘扬，每年吸引着成千上万的游客，其中更是不乏西班牙和拉美的游客，但是国内的旅游市场上的西语导游人员极其匮乏，这更力证了西语人才的急缺。再加上中国每年都在不断地承办大型的比赛盛事或者博览会，如2008年的奥运会、中国网球公开赛等，都急需大批的西语人才。由此可见，掌握好这门语言的重要性。

对于自己如"先知"般的预言，姜小青显得有些兴奋，而更让他亢奋的是西班牙语的学习。姜小青自认不是学习语言的料，从农村出来，普通话都还没讲利索，更何况是去学习一门自己从未触碰过的语言呢，于是"破釜沉舟""背水一战"等诸如此类的故事从他的脑海中浮现。当别人酣然入梦时，他挑灯夜读，闻鸡起舞；当别人自由玩耍时，他埋头苦读，两耳不闻窗外事；当别人谈恋爱时，他形单影只，以自习室、阅览室为伴……这些如卧薪尝胆般的历练虽然让他失去了一些大学时应有的青春色彩，但更让他收获了丰硕的青春果实：顺利通过了西班牙语 dele 高级考试，这是一个相当于托福、雅思的考试，该文凭证明持有者西班牙语的语言能力水平，且被西班牙教育部、文化部、体育部正式承认，并获得国际性认可；获得了多个国家级、省级、校级奖学金，以及西语辩论赛、西语演讲赛等许多重大赛事的荣誉证书；大学还未毕业就已经被央视等知名企事业单位相中。

说起西语专业的学习，姜小青觉得专业课还是很接地气的，无论是基础相应语、高级相应语，还是报刊选读、视听、口语，或是相应语写作、翻译理论与实践，抑或是语言理论、语言学概论等课程，都是与现实生活中西语运用密切相连。在姜小青看来，学好西语不可忽视听、读、讲。在听方面，尽量做到无时无刻听广播，以此来形成语感。他说自己还是学生时初到阿根廷，为了练语感，也在听广播，甚至睡觉了还戴着耳机听，只因为有人说有一种叫做睡眠学习法；在读方面，他觉得这是学习语言最好的方法，不管何时何地都可以随便拿到一篇东西就读，读到顺畅为止，而且不但要读到顺，还要读得快，他说自己最初阅读的是一本 Chiste 的书，从第一次花一个星期读完，一直到后来三小时读一遍，中间花了两个月的时间。后来他还开始读各类文集，通过读不同的语句，不同的用词方法，不同的单词排列顺序，不同的语法等等很多不同的东西，终于，慢慢开始能够一边读，一边就能像母语那样理解文章的含义，并且也知道了如何张开口去说某一句话，以及很多的西班牙语修辞方式。读书，不但可以练习语速，还可以形成视觉和听觉上的认识；在练习口语方面，尽可能借助各种说话平台来锻炼。他说自己在学校时经常会参加每周三的外语角活动，与外教用西班牙语沟通，还有就是通过网络与西班牙国家的人进行沟通。

对于西语专业的就业领域，姜小青说，身边的同学有的进入公务员队伍，比如外交部、商务部，主要工作是处理外交事务，工作稳定，待遇较好，不足的就是生活比较平淡，生活水平比上不足比下有余，这个工作适合求稳、走仕途的同学；有的跟他一样进入了广播电视台、电视台或者报社、杂志等新闻传媒机构，从事编辑、记者方面的工作，每天与文字打交道，如果对文字心存反感，那么做这项工作会很痛苦，因此这个领域比较适合那些喜欢码字的同学，如果性格外向开朗，有着一颗八卦的心的话更适合这个领域；有的进入外企或者中外合资企业，主要从事翻译、外贸方面的工作，正如大家所认识的那样，外企比较不注重过程，更注重结果，待遇优厚，用人唯才是举，因此更适合桀骜不驯的同学；还有的进入旅游公司、留学培训机构，从事导游和讲师方面的工作，随着近年来西语热潮的翻滚，以及境外旅游的剧增，西班牙语方面的人才成了香饽饽；当然也有一小部分同学为了进入高校从事教育工作，选择了考研、考博……通过身边的例子，他觉得西语就业领域还算比较广，这些领域基本满足了西语专业学生的就业需求。

说到自己目前的职业，姜小青认为充满着挑战。他说，刚进央视当记者时，自己先从见习开始，由于没有记者证，他只能从事幕后服务工作。在此期间他仍不间断地学习西语，与此同时在满两年记者工作经验后，他顺利地考取了记者证。有了记者证在手，加上见习期间的种种表现，台里对他的工作很是认可，于是他开始出镜。有的时候不仅写稿，还自己编辑采访视频，慢慢地练就了采、写、编的综合能力。他说，别看记者这一职业外表光鲜，其实这是一个薪酬一般、高风险的职业。有一次他被派往前线报道台风，当时台风卷着巨浪拍打着堤岸，而他穿着雨衣站在距离堤岸很近的地方进行报道，稍有不慎就会被卷入浪中。还有一次报道地震，在余震不断的废墟面前，他把最新灾情告诉给电视机前的观众们。

2014 年，姜小青因工作出色，被台里派往西班牙成为常驻记者。远离家乡，这对于姜小青来说真的是"撇家不顾"了，回国的次数屈指可数，最难受的莫过于春节全家团聚时，他不得不待在西班牙。尽管如此，姜小青还是十分热爱自己的工作，他说自己打小就与西班牙有着特别的缘分，而如今能身临其境地感受西班牙人的生活，体会异域风情，了解西班牙文化，这是他乐于接受和看到的，他也愿意为搭建中西桥梁贡献自己的一份力量。

【案例启示】

西班牙语是世界第二大语系，国家相关高校的培养量很小，这个小语种专业值得所有希望留学或者定居欧洲的同学认真考虑。

小语种行业的 SWOT 分析

1. 小语种的优势

小语种是为数不多的几个文科"专业"，而多数文科专业不能算"专业"，顶多算素质类教育。换句话说，小语种专业的教育毕竟算一门手艺专业，通过大学四年认真的学习，多数本科生都能够熟练掌握一门外语。而具备小语种开设能力的学校多以外国语大学为主，这些高校具备久远的小语种教学历史，师资力量十分深厚，这对学习小语种专业的同学而言也算一大优势。另外小语种专业一般属于志愿填报的提前批次，这对有意愿填报小语种的考生来说也是一次非常好的机会，提前批次填报小语种并不浪费第一批次的志愿，并且提前批中不需服从调剂，如果一旦没有被心仪的小语种专业录取，还可以进行第一批次的录取。一般情况来说，越小的语种就业情况可能越好，进入中央部委工作的概率越高。西班牙语、法语两个主要小语种目前来看都有相当多的就业岗位，由于中东国家的富庶，阿拉伯语的毕业生也很好就业。除了俄语、德语、日语、韩语等几个语种目前来看就业压力相对比较大，多数语种仍然拥有比较多的就业机会。另外，小语种专业一般均需外派至国外工作，就工资收入水平来说相对于国内同等工作还是比较丰厚的，翻译的工作环境也相对良好，一般不需要长期在野外工作。对于一些世界通用语种来说，法语、西班牙语的学生还拥有许多报考国际公务员的机会——联合国长期招收文职人员，这些国际公务员的工作不但收入丰厚，并且能够有相当多的机会定居于国外。

2. 小语种的劣势

文科的女生报考小语种的概率相当高，但这又是一个非常不利的客观条件——相对于男生，女生承受长期在国外出差的能力更差。由于国外的文化差异，许多女生容易受到一些国家的文化歧视，因此，就女生学习小语种来说找工作并不是一件容易的事情。小语种专业的毕业生最大的难题在于长期漂泊在国外，背井离乡的环境让很多人难以忍受，并且多数小语种专业的学生需要长期工作在欠发达地区，战争、传染病和犯罪长期威胁着人的安全。尤其是对于法语专业的学生来说，多数法语专业的本科生毕业之后都会派往非洲工作，而派往的国家多数属于政治动荡的地区，暴乱、战争、疟疾发生的概率很大。而对于一些欧洲小语系的专业来说，要么该专业的录取分数太高，要么工作机会太少，多数的西班牙语专业的学生被派往南美发展中国家的概率更高。中央部委的工作虽然诱人，但是外事系统的公务员性价比并不太高，虽然工资水平远远高于同级别国内的公务员，但是这是以牺牲个人家庭生活的代价为前提的。对于多数小语种专业的毕业生来说，一旦被派至国外工作，个人的婚姻问题也是一大难题。目前来看，国内的小语种专业的机会已经十分饱和，外贸系统的工作多以英语专业的需求为主，而目前国内大学生的英语水平已经普遍提高，这又进一步压缩了小语种毕业生在国内的工作机会。发达国家对如德语、日语、韩语的需求并不多，加之这些国家与中国的商业外事交流主要以汉语或者英语为主，因此相关小语种专业的工作机会就更少了。

3. 小语种的门槛

小语种的门槛并不高，只要是外语大学的小语种毕业，多数小语种专业毕业生基本上都能从事本专业相关的工作。

15 会计行业

【高考志愿填报档案】

主人公：熊 伟　　　　　　　　　高考时间：2000 年

就读专业：会计学　　　　　　　就读院校：上海某"211"大学

高考分数：620 分

熊伟是典型的理科男生，由于母亲是中国石化的财务经理，熊伟从小受母亲财务工作的影响，所以从中学开始便确定了成为一名注册会计师的目标。到了高考的时候，填报志愿一点都不费功夫，根据自己的高考成绩，迅速锁定了一线城市的三所重点大学，在三选一中确定了上海的一所"211"工程大学，并顺利被录取。进入大学以后，熊伟并不拘泥于注册会计师的基本目标，将更多的时间放了更为广阔的书籍阅读中。值得一提的是，熊伟高中时数学一直很好，并且对数学模型和数理统计、分析有比会计更为痴迷的兴趣。大学本科四年除了复习 CPA（注册会计师考试）之外，还大量自学了 SPSS、EVIEWS、STATA、MATLAB 等数学统计软件。到了研究生毕业的时候，熊伟已经成为数学建模的大神级人物。通过本科期间广泛的阅读，熊伟迅速明确了自己的目标——考研。与许多人考研是因为本科学历很难找工作不同的是，以熊伟的家庭人脉资源，他并不愁找到一份国有企业财务管理工作。但是熊伟决定把自己数学方面的兴趣爱好在研究生阶段更好地发展，于是熊伟决定考取本校的金融学硕士。基于大学四年认真的学习和扎实的数学功底，熊伟顺利地通过了研究生考试，拿到了金融学研究生的录取通知书。

因为本科四年大量的数学相关文献阅读与软件编程，熊伟的数理基础极为扎实，读研一的时候已经有博士师兄写论文搞不定实证设计来请教他。熊伟的硕士论文 100 多页，全是数学模型和计量分析，熊伟的导师和答辩委员会的几名硕导在论文答辩的时候居然都没全看懂。由此，系里很想推荐熊伟继续攻读金融学博士，但熊伟觉得学术氛围不好，也不觉得那些博士论文有多大意义，所以他拒绝了保送博士的机会，转身继续追寻自己成为高级会计师的目标。凭借扎实的数理功底、"211"金融背景名校的学历、在硕士期间一并通过了 CPA \ CFA \ CTA 等极有含金量的证书考试，熊伟很快在证券公司投资银行部找到了一份财务分析的工作。2008 年金融海啸，熊伟认为券商的工作存在极大的不稳定，于是决定从券商跳槽去某世界 500 强 IT 企业做财务，从财务部的核算、预算、分析岗位一直做到分支机构财务经理，业务工作直接对财务总监与总裁负责。

熊伟认为财务人员要提升价值，必须基于财务又跳出财务。他从不拘泥于教材上的财务分析思路，跳出会计思维转向数理分析，他善于从海量的财务数据中找到有价值的信息，并把自己积累下来的从宏观到微观的各种认识进行规律性的总结。于是，熊伟的数理分析专长恰好被他运用到公司的财务分析中了，公司的很多数据软件的内部培训都是熊伟主讲，他的数理专长秒杀一众 IT 和数学统计等专业出身的人，基于海量数据和财务数据相结合的分析报告都是每月公司经营会上的焦点。他的分析报告虽然都是财务相关视角，但是熊伟会将财务与公司的方方面面结合起来，很多营销方案和非财务线的内部管理优化，都是起于他的数理统计报告。因此公司根据他的报告从新梳理了大量业务流程，为公司节约了大量现金成本，并高效地提高了公司管理效率。熊伟目前的年薪已经达到 50 万元，并且还有进一步上升的可能。基于数学分析的角度，熊伟甚至和部门下属一起合作对公司的某个投资项目进行成本精细化分析，为公司节约了 500 万元投资预算，公司老板决定奖励熊伟的团队 100 万元。

【案例启示】

会计绝对是一个需要天赋和勤奋共同具备的专业，虽然熊伟的经历极为耀眼，但是他的经历很难复制，可以说熊伟绝对是万里挑一的会计天才。虽然熊伟可以躺在父母的资源上拿着国企的高薪，但是他却更愿意从自己的兴趣和爱好出发挑战自己、超越自己。这个案例对考生和家长的启示来说，考生应该在本科期间更好地发展自我的兴趣爱好。熊伟虽然在高考填报志愿的时候遵循母亲的职业发展轨迹，但是进入大学以后的学习轨迹却是在尽可能发展兴趣爱好的前提下做到与既定目标的良好结合，这就是熊伟取得一定成就的重要原因。

会计行业的 SWOT 分析

1. 会计行业的优势

会计是一个比较特殊的职业，也是社会最核心的职业之一。从需求量来说，社会对会计的需求远远超过任何一个其他核心职业。

从某种特殊的角度来说，会计可以成为一个独立的行业。国民经济大到央行、财政部、中央汇金公司，小到一个微型企业、公益性组织，任何类型的组织无一不需要会计。一些专职于会计、审计事务的公司叫做会计师事务所，所以会计大可以称之为一个行业，而不是一个职业。虽然会计岗位的含金量与报酬根据行业的差距、技术含量的水平千差万别，但是会计行业有能力为足够多的毕业生提供充足的工作岗位。要知道，中国的大学会计学专业与财务管理专业的毕业生人数是所有专业排名第一的，即使在这种情况下，会计行业的工作岗位也是充足的，因此优秀的会计专业毕业生完全不用担心找不到工作。

从工作环境的角度来说，会计的工作多在办公室，属于最"白领"的白领，几乎不用在恶劣的环境下工作。从发展潜力的角度来说，会计拥有众多提升自我能力和平台的考试，只要通过相关考试，即使不是毕业于名校的毕业生也能拥有非常多诱人的工作岗位。这对于擅长考试的考生来说，就是非常好的机会——一旦获取 ACCA（英国注册会计师）、CPA（中国注册会计师）等等含金量比较高的证书之后，注册会计师能够很快进入一些大型专业会计师事务所工作，参与大型企业、上市公司的外审工作。拥有名校背景的学历、能力足够强的注册会计师甚至能够进入投资银行工作，其工作主要内容就是帮助企业IPO 上市，投行人士最终有机会参加证券保荐人考试，通过之后百万年薪丝毫没有任何压力。这样的工作足够令人羡慕，与专业的律师媲美完全没有问题。事实上优秀的注册会计师与执业律师都是社会的核心职业，属于上流精英人群。

从收入的角度来说，顶尖的注册会计师的收入可能超过同级别的其他核心职业。高级注册会计师不仅仅要帮助企业合理避税，还要帮助企业进行重要财务管控（规划合理现金流、制订投资计划）。一个大型企业的财务总监（CFO）对于企业的利润效益的贡献绝对不逊色于企业最核心的技术工程师，因此顶级注册会计师的收入绝对不逊色于顶尖的律师、医生与数据工程师。一些收入丰厚的非诉讼法律事务往往是注册会计师与执业律师合作工作的结果，如大型上市公司的并购涉及一系列复杂的股权置换、财务审计、账目规划、合理避税等等复杂的专业工作，这些工作不但涉及专业法律咨询，更重要的是如果没有顶级会计师的介入，可能投资人与被投资方都面临着巨大的财务损失（巨额税收、股价低估）。

注册会计师与执业医生、执业律师、资深程序员有许多的相似点，都是脑力工作者，都从事于专业的服务与技术工作，并且行业对于这些专业人士的技术能力的依赖性大大高过于资本或者政策，这一点是其他职业很难与之对比的优势。与之形成反比的是，工程师这个职业虽然也是脑力工作者，但是在最终的行业收入分配中，资本和体制的分配多于个人技术的分配，多数工程师都需要依赖庞大的机械和厂房进行工作，这些设备和厂房的价格是十分昂贵的。因此，这种分配方式就非常容易限制这些工程师的发展——升职、收入增加并不能与个人的技术能力完全挂钩。而注册会计师、职业律师、资深程序员、执业医生都有一定机会脱离单位独立行走市场，凭借自己的本事和手艺吃饭，因为除了特殊的医生以外，这些职业几乎只需要一台电脑或者一把手术刀就可以进行复杂、专业的技术工作。而其他多数工程师职业并没有这些机会。这些职业还有一个共同的特点，都是完全依赖于市场而不是垄断，因此对于普通人来说，从事于这些职业是完全能够凭借自我的能力创出一番天地，而并不过多地受制于出身或者家庭背景。注册会计师多数都是以合伙人的方式一起工作，这与律师的工作方式类似，他们都可以单打独斗，独立承接审计事务或者诉讼事务。注册会计师还可以赚足经验以后在大型上市公司从事某一个极为专业的工作方向，如房地产公司合法避税会计账务，这种工作方式与律师也非常相似。一些注册会计师都拥有自己研究的行业方向与会计细分方向，一旦在某个领域的研究足够深入，不但能获得丰厚的收入，还能拿到一份谁也摔不破的铁饭碗。

2. 会计行业的劣势

会计行业最大的问题在于从事这个行业的人实在是太多了，相关专业的毕业生数不胜数，最关键的是即使不是学这个专业的大学生也能从事这个专业的工作，像国际四大会计师事务所（普华永道、毕马威、德勤、安永）招人的基本条件已经放到名校不限专业。所以从这个角度来说，会计行业的门槛非常低，任何人都可以进入，这也加剧了会计行业内部人才的竞争激烈程度。另外，从高校培养的角度来说，几乎任何高校都有会计专业，这导致了会计专业的培养实力存在巨大的差距，优势高校如人民银行序列的几所财经大学极为强势，财政部系统的财经高校可称之为中国会计制度的鼻祖（上海财经大学、中央财经大学）。而几乎所有三本院校甚至专科院校都有会计类专业，这也导致了一些普通院校的会计师资力量薄弱，基本上这些高校很难培养出合格的会计学的毕业生。即使对于名校的毕业生来说，考证的压力也十分巨大，如果缺乏考试能力或者学习毅力，会计学专业毕业生的工作就会十分枯燥和无聊，大量的初级会计一辈子可能也就是做一些毫无技术含量的报账、记账的初级会计工作，这些人在整个会计行业的占比能达到百分之九十五以上。对于一些没有自我要求和奋斗刻苦精神的考生来说，选择会计学专业也许是一种折磨和沉沦。

会计学专业还拥有行业会计的说法，也就是说每个行业有每个行业特殊的会计准则和做账方法——工业会计、房地产会计、互联网会计对于账务处理的方式完全是不同的，账务处理的结果对于企业的税收缴纳有极大的影响，这些处理方法直接影响企业的利润水平。从这个角度来说，会计是一个需要师傅带徒弟的专业，而高校基本上很难涉及行业的会计准则，所以多数高校也缺乏直接为行业培养合格会计的能力。

3. 会计行业的门槛

近几年，会计、财务类专业报考的热度都非常火热，录取的分数也水涨船高，如西南财经大学在每个省份的文科录取位次平均在 600 位次左右，所以优势高校的会计专业的分数相对都是比较高的。即使对于一些二本层次的高校来说，财务、会计类专业也几乎是分数最高的专业。笔者重点推荐一些会计类的院校给各位：北京大学、厦门大学、人民大学、中山大学、上海交通大学都拥有极强的会计教育实力；人民银行序列的高校——清华大学五道口学院、湖南大学、西安交通大学、西南财经大学、哈尔滨金融学院也拥有十分强悍的会计教育实力；财政部系统的三所高校——中央财经大学、上海财经大学、东北财经大学都是国内上市公司财务总监的培养摇篮，中南财经政法大学、江西财经大学都有非常强的会计培养能力；国家税务总局原属的吉林财经大学是税务会计领域培养的专家；另外还有一些普通高校也拥有强大的注册会计师培养能力——上海立信会计学院、重庆理工大学、浙江工商大学等。

16 师范行业

【高考志愿填报档案】

主人公：张小磊   高考时间：2006 年

就读专业：生物科学   就读院校：吉林大学、中国科学院大学

高考分数：590 分

张小磊同学从小就是响当当的典型，只不过是负面的。"你看看张小磊，整天吊儿郎当，不是在树上抓虫子，就是蹲在地上看蚂蚁，花花草草都能玩半天，就是不学习，你可别学他……"

可是，就是这样一个不务正业的孩子，在漫长的求学生涯里，真的和这些活生生的动物植物结下不解之缘，还立志把它们当成终生奋斗的事业。高考那年，作为村子里的状元，张小磊华丽丽地考上了吉林大学的生物科学专业，村子里的老伙伴们和小伙伴们都惊呆了：啥？这小子竟然考上大学了？还学听着这么深奥的专业。难不成以后真要研究那些动物或者植物吗？张小磊是这样想的：生物是 21 世纪的朝阳产业。四年是个足够漫长的过程，只要像高中一样足够努力，那么本科毕业一定收获多多，这样到了毕业，至少找个对口的工作是不成问题的，比如到什么动物保护站呀，或者找个实验室之类的工作，想想很是不错。于是，张小磊真的就像拼命三郎一样在生物科学专业默默耕耘，等着守得云开见月明。每天奔波于教室、实验室，上着动物生物学、植物生物学、微生物学、生物化学、细胞生物学、分子生物学、生态学等高大上的课程，在实验室里摇试管、小心翼翼地培养着各种细胞和细菌，还上着一点儿都不文艺的解剖课。就这样，一转眼就到了大四，他成了懵懵懂懂的应届毕业生。

危机感是从就业动员会上开始的，辅导员身兼老师和本校硕士大师姐的双重身份，开始了谆谆教导："同学们，现在已经大四开学了，你们必须要仔细考虑好自己的前途问题了。当年，我也是从这个专业毕业的，就业甚是艰辛。而且我已经毕业几年了，这几年又一直在扩招，所以学生物的孩子越来越多，工作越来越难找。我仔细想了一下，理想化的对口的就业，对于你们，就是生物老师，或者就是去各个实验室当助理。否则，本科生是根本不可能去做研发的。所以，如果你们喜欢这个专业，而不是现在改行去找工作，那我建议你们读研，

这可能是比较好的一个出路。"

美女老师这一席话，可吵醒了小磊的黄粱美梦。找工作还是保研？这是个必须考虑的严肃问题！本来小磊是打算直接找工作的，"985"大学本科毕业，成绩优秀，家庭又极其贫困，早点工作才是王道！但是保研呢？稳稳当当的年级前三，保研去个好大学自然没有问题，科研做得也不差，去个好大学总是没问题的吧？关键是，既然说工作不好找，那么就应该读研。于是他陷入了深深的纠结，在无法做出最终决定的时候，他选择边找工作，边投简历保研。

工作自然是先看对口的。A大学生物系的实验室招聘研究助理，要求生物学专业本科，英语通过六级，热爱科研。张小磊暗喜，这简直就是为我量身定做的呀！全部条件都符合，于是速速投了简历，也很快前去面试。So easy！面试不过问了下工作时间，做过什么实验，这简直是太棒了。就在小磊信心满满地等待新工作的 Offer 时，才被告知，这个职位是没有编制的，如果签的时间很长，会有"五险一金"，但也是合同工，且收入不高。"是我太傻太天真？还是世界运转太快。原来在大学工作还会是合同工？"小磊伤心无比。后来又试了几所高校和研究所，亦是如此。原来，行业规则就是这样，本科生做助理，更多的都是整理仪器、搜索资料、整理文献等基础工作，且在全是高学历的高校里，本科生基本不可能拿到事业编制。合同制的工资，在一般省会城市，月薪 3000 元左右，一线城市会高些。而只要是有编制的研发岗，都要求硕士以上。"既然在事业单位，自然希望是有编制的呀，那样才真正是这个单位的人。"带着这种想法，小磊挥一挥手，含泪挥别学术界。

除了大学，中学如果能进去，也是不错的。带着这个想法，他开始海投东部沿海的重点中学。世界这么大，得去大城市看看！可是简历投出去，就像石沉大海再没有回音。终于有一天，有个还不错的高校的附中打来电话，又一次点燃了小磊同学内心的小火焰。"同学，你的综合素质不错。请问你有教师资格证吗？这是入行的标准，我们更希望进来就是可以教课的。"非师范科班出身、之前又没想过去中学教书的他，哪里有教师资格证呢？于是，去中学灌溉祖国的小花朵这一美好心愿也泡汤了。当然，除了师范大学生物专业的学生，北大清华这些国内顶尖院校毕业的本科生也是有机会的，会以引进人才的身份先进去工作，再考教师资格证，但是也并不容易。

人总是需要妥协的，事业单位不行，就看看企业。企业的研发岗，也是要硕士及以上学历的，生物本科生可以做市场、销售等相关工作。进入好的生物保健品企业或者药企，产品市场成熟的情况下，收入是比较好的，在一线城市年薪二十多万还是有可能。当然，做这类工作也不是都赚钱，都说销售是个来钱快的行业，那也不过仅限于优秀的销售和优秀的产品。做销售可不全是看技术，口才、人际交往甚至相貌都很重要，还有很多人有双学位，经济、市场营销专业的背景，竞争也很是激烈。最重要的是，小磊并不喜欢这一行，于是又少了一条可选的路。

有时候选择这件事情是要看缘分的，正在九月下旬找工作看不见光亮的时候，他竟然连着收到六所高校和研究所的保研考试通知，于是迅速转战考场。最终，在四所高校向他伸来硕士橄榄枝的时候，他毫不犹豫地奔向了心目中神圣的科学殿堂——中科院。

硕士生活是本科的增强版，生活节奏也快了一倍不止。他更多的时间泡在了实验室，看更多更多的英文文献，还有一部分时间在野外调查。此时领域更加集中，他选择的是进化生物学方向。硕士三年，在导师的指导下发了两篇SCI文章，还有若干中文的文章，科研成绩很是不错。研一上课，研二一年时间做实验写文章，研三很快就到了，又一次面对找工作。这一次，运气还不错，因为学校在业内很被认可，且自身科研能力在硕士中算很强的。

这次小磊海投简历，首选仍然是科研院所的事业编科研岗，一些大公司的研发岗也很愿意尝试，只要可以做研究就可以。历史又一次重复，三年后的他，投简历到科研院所时，又一次"悲剧"，大部分岗位要求博士学历，海归博士优先，极少数科研岗要求硕士及以上，而竞争者又都是博士，所以只能放弃，投向公司的怀抱。他一共投了二十多个不错的生物制品和医药公司的研发岗，拿到了三个 Offer，最终选择了一家外企的医药公司，第一年薪水 15 万元，坐标北京，但是并没有户口指标。对于小磊来说，其实所从事的领域并不是绝对对口，只是 HR 看重的是他的科研能力、学习能力。懂了方法学，基础好，其他上手也很快。

"其实也常常压力山大。"小磊苦笑说，"即使是在公司的研发部，也依然是博士多呀！所以想想未来晋升和加薪，压力也很大。毕竟做科研的话，博士经历过更多的训练。我还在考虑是否要再考博。"而此时和张小磊一起读硕士的小伙伴们，有人国内连读博士，有人出国读博，也有人硕士毕业仍然去做了销售。

如果 18 岁那年选择生物科学专业是一场说走就走的旅行，那么坚持在生物领域从业的梦想这场旅行无疑是漫长的。坚持生物学，在高校里的时间可能是七年、十年甚至一辈子，你考虑好了吗？

【案例启示】

张小磊是典型的从农村出来的学生，虽然对生物科学相当有兴趣，并且具备相当的科研天赋，但是这个案例再次印证了兴趣爱好不能当饭吃。一些研究性理学专业的就业学历最低要求博士，而博士漫长的学习过程对经济状况不太好的家庭来说是一种负担，即使理学类专业的博士毕业也面临着非常大的经济压力，因为这些纯研究专业更多的是纯理论研究，除了单位给的固定工资以外，这些理论研究很少有产生经济效益的可能。所以没有一定的家庭经济基础做支撑的考生，一般建议不考虑理学类的研究性专业——数学、生物、物理、化学。

【高考志愿填报档案】

主人公：赵　怡　　　　　　　　高考时间：2004 年

就读专业：英语（师范）　　　　就读院校：西南地区某重点师范大学

高考分数：598 分

　　赵怡选择师范院校完全是因为家庭。填志愿之前，她就想得很清楚，家里一无背景，二无靠山，将来对她的职业不可能有多大的帮助。自己的成绩在这个区重点中学还不错，但要想考上名校也很难。师范专业至少将来找工作容易点。至于教师这份工作，平时为了贴补家用也做过家教，好像也还得心应手。于是赵怡选择了离家比较近的一所重点师范大学的英语专业。

　　赵怡考上的学校在整个西南地区是最好的师范院校，英语专业又是该校最好的专业。考进去她才发现，自己以为还不错的成绩在班级中只能算个中等，这下，赵怡就感觉难受了：我从小到大都属于老师重点培养的对象，但是到了大学却成了名不见经传的小人物，大一都过了一个学期了，年级辅导员甚至连我叫什么名字都还搞不清楚！她不再是老师和同学的焦点，这一转变，赵怡觉得学习动力都没有了。大学四年，专业英语四级和公共英语六级证书勉强到手，但关键的专业八级证书却没有拿到，这可是香饽饽似的市重点高中就业的敲门砖呀。除此以外，教师资格证、计算机证、普通话证等都是基本的证书，这些都是进入重点高中任教的敲门砖。市重点中学进不去，心高气傲的赵怡连这座城市也不想留了，一咬牙，跟着男友到了浙江一所私立高中任教。

　　赵怡本身是个聪明的人，大学的一念之差让她后悔不已。痛定思痛，她决定从工作开始，重新来过。大学的这段小挫折也不能说一无是处，至少让她真正从象牙塔中走了出来，开始学会直面现实世界。刚开始工作，学校为每位年轻教师都配了个师父。然而私立学校的重点工作是招生，对引进的有资历的优秀教师因看重他们的名师效应，所以很重视，但却不注重对年轻教师的培养。赵怡快速认识到这一点后，发现要提高必须靠自己。于是工作头三年，她埋头苦干，厚着脸皮跟在师父后面学，听师父上课，学师父上课。并主动开公开课，请老教师来听课点评。课是需要磨的，就这样磨了三年有余，赵怡开始崭露头角。她的课生动活泼，再加上她本身又会唱又会跳，不到八年的时间，她迅速成长为这所私立学校的业务骨干，年薪也达到了 20 万元左右。这时，她仿佛又回到了小时候众星捧月的状态。

值得注意的是，教师最基本的职业技能就是教学。首先自己要会做题，会解题，还要会出题，这需要大学甚至于高中阶段的基础知识积累，还需要工作中的经验。另外，光有牢固的专业知识还不够，还需要有良好的具有个人特点的表达能力。这点是区分教师跟教书匠的关键。要充分运用语言的魅力，用属于自己的方式将知识化难为易传达给学生。只有形成了自己的课堂风格，才能真正让学生喜欢你的课，并最终站稳讲台。也只有做到这点，你才能从工作中获得乐趣。

除了基本的专业技能外，教师还需要具有一定的管理能力。班主任工作是每位教师都必然会经历的。管好一个班级，需要的不仅是你的协调能力，还需要组织能力、沟通能力等等。要处理的不仅是与学生的关系，还有与领导的关系，与科任老师的关系和学生家长的关系。就算是一个普通的教师也不可能两耳不闻窗外事，不然就不可能有有效率的课堂，从而取得满意的教学成果。

但是从第九年开始，赵怡开始产生了职业倦怠，或者说她的工作到了一个瓶颈期。作为教师，因为她较强的个人素质该拿到的奖项基本已经拿到了，而私立学校本身教师流动性很大，使她很难有良好的工作氛围，也难以建立自己的教学团队，想要进一步进行教学研究难上加难；领导更换频繁，制度也是经常变动，管理教师的方法是越发严苛；再加上孩子的出生，这一切都让赵怡疲于应付。如果光是教学的要求，其实也没什么。但是私立学校的老师远远不是只会教书就能胜任的，教师还要会招生，会管理。每天工作时间达到 15 个小时，因为是住宿制学校，也没有双休日可言，赵怡又是最好班级的班主任，这种心理和生理双重压力压得她喘不过气来，哪里还有精力顾家，享受家庭生活呢？

所以建议年轻教师，最好能先到公立学校去历练几年，公立学校的教学氛围更好，更注重对年轻教师的培养，教师更容易成长。工作的头三年特别重要。赵怡之所以能够在私立学校的环境中成长为骨干教师，与她头三年的韬光养晦密不可分。年轻教师要在自己已具有较好的专业技能的前提下，再去考虑到私立学校领高薪的问题。

特别是高中老师，需要有无私的奉献精神。这是老话，但也是句大实话。无论是公立学校还是私立学校，高中教师每天的工作时间都很长，别的职业有加班一说，高中教师每天 10 个小时以上的工作时间属于正常。在校期间，普通教师要被安排值日、督班，班主任更要从早上学生进教室管到晚自修结束学生进寝室为止。就算休息日、寒暑假，还会有针对教师的各种培训。有时半夜住校学生生病，你还得从家里赶过来送他去医院。

到了第十年的时候，赵怡与家人认真商议后辞去了工作。当然教师这份职业所能获得的成就感可能也是其他行业少有的。当看到学生学有所成的时候，也是教师感觉付出得到回报的时刻。现在，她和朋友合伙在市区开了一家小饰品加盟店。虽然刚开始赚头还不大，但至少有了自己的时间，能够陪着孩子长大，她觉得很知足。

【案例启示】

赵怡开始选择师范专业虽然是因为家庭原因，但也与她的性格有关，她性格外向，善于交流，个人其他方面的素质也比较好，虽然在大学发展并不是很顺利，但是却能在工作中做出成绩。考生们选择专业时，还是应该从自身条件出发，这个条件不仅指的是家庭条件，更多指的是个人性格、能力等方面。赵怡最后选择放弃自己的工作是因为家庭。赵怡放弃公办学校的就业方向转而进入私立学校工作的选择有些草率，这也是导致赵怡最后离开师范行业最重要的原因。人在不同时期对生活的要求也不尽相同，能够清楚地了解今天这个时代教师职业的要求对于更好地规划自己的人生有着重要的意义。

【高考志愿填报档案】

主人公：王　杰　　　　　　　高考时间：2005 年
就读专业：物理学　　　　　　就读院校：某"985"高校
高考分数：648 分

从小到大，王杰一直是优等生，尤其擅长数理化。从小父母的熏陶和爱看科普书的习惯让王杰一直有着当科学家的梦想。王杰在上初二的时候就捧着一本《时间简史》装模作样，暗地里做着当"中国的爱因斯坦"的梦（顺便一提，读著名科学家传记是他的另外一个爱好）。而高中时优秀的数理化成绩更让他坚定了"自己有物理学天赋"的信心。所以高考报志愿的时候，他在选大学之前就定了基调——一定要进物理学专业，不是应用物理，而是理论物理。

填报志愿的时候，王杰发现，有理论物理专业的大学不算多，很多大学只有应用物理专业，只有物理系在全国排名领先的一二十所大学才有理论物理专业，而且基本上只有综合性大学才开设。这样就把王杰的选择限制在了 15 所大学以内。理论物理专业最牛的大学是南京大学、北大、清华、中国科技大学等全国前十的大学，这些大学以王杰的分数都够不上。按王杰的高考分数，在必须选择理论物理专业的前提下，只有在北京师范大学、武汉大学、四川大学、山东大学、兰州大学、吉林大学等为数不多的第二档名校里选择。

与现在不同，当时只能报一个第一志愿，如果选择失败，后果相当严重。在最终选择的时候，有位老师指点迷津：报这些大学的物理系，不要光看这些大学的往年录取分数线，因为这些大学的物理系录取分数一般比录取分数线高十分或者更多。也许其他大学里，物理专业不是一个热门专业，甚至招不满，还要从其他专业调剂学生过来，所以专业分数线不高。但是这些大学里的物理系年年爆满，专业录取分数较高。所以王杰报考时，从上述学校中选择了较为稳妥的大学，没有冒风险。

事后果然发现老师的指点是对的，当时看中的一个大学虽然录取分数线比王杰的低，但是物理专业录取分数比王杰的高。

四年的大学生涯很快就过去了，王杰发现"中国的爱因斯坦"梦貌似做不成了。首先高中物理好，与大学物理好乃至物理科研好是两码事。高中物理顶多算物理学的一个科普，而且还是严重简化版的科普。王杰对高中物理相当有自信，平时在班里随便蹂躏其他同学，但是到了他选择的大学一看，周围的同学至少是和自己一个水平的（否则不会主动报考理论物理专业），而且貌似有很多智商比自己高的学霸。当大三的王杰和《量子力学》《电动力学》等课程苦苦战斗时，发现那些高中参加过物理奥赛的同学早在大一的时候就把这些课程轻松自学完成了。而王杰大一学的《力学》《电磁学》是参加过物理奥赛的同学高中时候学的。

王杰暗暗告诉自己，爱因斯坦也许暂时当不成，不过能稳稳当当地做一个科研所的科学家，或者大学里一名物理学教师，也算是实现了儿时的梦想。不过大四的时候，王杰终于明白为什么只有少数大学才有理论物理专业，大部分大学顶多有应用物理专业了——国家没有那么多科学家岗位给理论物理学毕业生。

物理学发展到现在，培养周期相当的长，博士也不一定能算成品，一般经历一个博士后周期才能算是成品；而硕士只能算半成品，本科毕业生连半成品都不够资格。王杰的理论物理学家之路，需要从读硕士研究生开始，拿下硕士博士（也可以硕博连读）；然后出国成为博士后镀金，再回国找大学应聘讲师，然后按照讲师——副教授——教授的升级之路，达成梦想。当然更好的方法是出国读研，顺利在美国等国家拿到博士，作为海归博士，省去了博士后的时间，回国找大学应聘讲师，或者去某科研所当研究员。

以上的升级之路，每一级都有人放弃（或者说被淘汰），另谋生路去了，所以最终走完这条路，成为大学教授或者科研所研究员的人是很少的。

在王杰读研究生的第一年，师兄就告诉他们，在 20 世纪 80 年代，本科毕业就能留校（拿到讲师等职位）；90 年代末，本校读完博士即可留校；在本世纪初，本校读完博士，再出国镀金一下（读博士后），回母校即可拿到职位。后来，本校的博士就很难留母校拿职位了，只能去低一档的大学或者科研所求职。再后来，连海归博士都不容易在母校求职成功了。国家的理论物理科研人员岗位越来越供大于求了。

王杰本科毕业时，本班的同学有一半放弃物理，到招聘会一试身手去了（当然找不到什么"专业对口"的工作，好在学物理的人也不怕这个）。剩下的一半或者出国读研，或者保送研究生，或者考取了各个大学或者中国科学院的研究生。等三年后，这剩下的一半人又有一部分拿到硕士后放弃物理科研，去招聘会一试身手了。等五年后，最终拿到博士的这一部分人，又有大半没有做物理研究，而转去工科做应用技术研究了（不过仍然在科研的道路上行走着），他们纷纷在中国原子能研究所、中科院物理所等科研所就职，当然还有到各地的大学就职。

王杰读研究生时发现科研工作没有以前想象的那么神圣，其实也是一份普通的工作。每天读科学前沿的 Paper（论文、文献），为自己开的科研课题积累知识和经验（理论物理不像实验物理那样操作仪器，有笔有纸有电脑即可）。按照导师的指导和自己的想法，用笔推导一下公式，然后在电脑上编程，写成程序，交给本科研组的大型计算机集群计算。如果计算的结果和自己的预期不一样，就慢慢找原因。有时候是自己的物理过程推演有问题，有时候是数学过程有错误，有时候是写的程序有 Bug。找不出来原因就去找导师讨论，如果导师比较忙（也有的情况是导师不太懂你做的是什么），就找同辈讨论，如果同一个研究小组里没有人和你研究方向类似，就只能用邮件联系其他做同一领域的人了。在某些冷门的科研领域，中国只有几十个人做这方面的研究，那样的话找到能沟通的人就更难了。

如果研究工作迟迟得不到进展，就像一个侦探破案，连着几个月，甚至一两年没有破案，压力是非常大的。王杰发现这时候自己会无意识地揪头发，在很短的时间内，自己的头发密度有了显著下降。而同学们的情况也好不到哪里去，有的用运动的方式减压，有的疯狂购物减压，有的喝高浓度咖啡，到后来连着喝十几杯超浓咖啡。

当然，如果哪一天终于获得一点进展，得到一些比较有意义的结果，又会欣喜若狂。

终于，王杰发现自己并不适合做科研工作，在硕士研究生阶段就果断放弃，下海应聘去了。这时候他发现其他放弃科研的同学的就业方向五花八门：有本科毕业考上公务员的；有去 IT 公司当程序员的；有做设备销售的，美其名曰销售工程师（因为不是普通的销售，需要有理工科背景）；有在华为、中兴等企业就职的（本科时修了单片机的课程）；有转金融行业的（物理背景做金融是比较普遍的）。虽然和那些专业对口的人竞争要面临很多困难，但是物理背景的同学做得都还不错。

最终王杰选择了教育辅导行业（如新×方、学×思等公司），因为当年的高考高分背景以及科研背景，让王杰很受这些教育培训机构的青睐。王杰迅速定下了成为公司"名师"的奋斗目标，"据说"成为"名师"后，年入几十万。虽然相对金融、IT 行业算不上什么高薪，但是比起高校科研所每月几千元的工资还是有一定吸引力的。

【案例启示】

王杰同学的经历有深刻的启示——高中学科的兴趣特长绝对不能用来直接选择对应本科专业，不论你多么热爱某一科高中学科，所有的高中学科对应的大学专业，在本科毕业后若要从事本专业的工作，只有一个可能：继续从事这个学科的高中或者初中教学工作。数学、物理、化学、生物、政治、历史、地理、英语都不存在社会提供普通工作岗位的可能，尤其是对于许多英语爱好者而言，最终的就业岗位基本上不太可能是翻译工作，而更多是英语补习班的教学工作。

师范行业的 SWOT 分析

1. 师范行业的优势

读者首先要明白，为什么本节的主题是师范行业而不是教育行业，师范行业指的是体制内的公办教育，而不是民办教育，民办教育没有任何门槛，任何专业、任何学历层次的人都可以进入民办教育行业工作和创业，所以在本书中不做讨论。师范行业通常指的是免费师范生。免费师范生主要分为两种——教育部六所重点师范大学的免费师范生与地方院校的农村地区免费师范生。两个招生种类几乎都在提前批次进行，考生一旦被录取以后就意味着获得了教委预留的正式事业编制，毕业以后马上会成为一名小学或者中学教师，重点是不再参加事业编制公开招录考试。而对于普通批次的师范院校录取的普通师范类专业的毕业生来说，毕业之后想成为中学或者小学的教师必须通过省级人力资源与社会保障部组织的事业编制招录考试，这个考试通常的招录比例为 40:1，通过难度极大。而六所师范名校的免师生一般都能进入城市重点中学工作，地方院校的免师生则通常会被安排到对应的农村中小学工作。所以免师生是一次非常好的录取机会，在目前就业压力极大的情况下，在高考录取的时候就获得了国家给予的铁饭碗编制，是一种非常好的志愿填报选择。

对于公办教育师范行业来说，除了稳定的工作、合理的收入（教师与公务员同等）之外，教师是一个非常受人尊敬的职业，尤其是一线城市重点中小学教师的职业绝对算得上是一份令人羡慕不已的工作，不论男女，重点中小学教师在相亲市场上绝对是香喷喷的抢手货。更为重要的是，这些重点中小学几乎都能够为教师提供经济适用房，即使暂时买不起经济适用房的教师也能够以非常便宜的价格租赁学校提供的廉租房。所以毫不夸张地说，如果考生能够被教育部六所师范大学免师生录取，那么就几乎等于拥有了一套大城市的住房、一份稳定的工作、一个有技术含量的职业，这也意味着一个大学毕业生已经能够在一线城市立住脚并且能够在这个行业继续发展。除了一份令人羡慕的工作以外，公办院校的教师还能拥有所有行业、所有职业都看着眼红的带薪寒暑假。

即使将来毕业跳出公办学校，也能拥有一部分不错的工作。对于拥有优秀公立学校经历的教师来说，辞职以后不论自己开办民办补习班还是去私立学校工作，都有非常好的机会。教师的职业并不是看起来简单的工作，上课绝对算得上一份技术含量极高的手艺活，几十个学生的水平参差不齐，要让所有学生都能保持全神贯注的状态听课并且获得收益是一件极为困难的事情，即使对于一对一的授课来说，要让学生听懂并且提高成绩也是一件难度很大的事情。从某个角度来说，老师也是需要天赋的一个职业，一个老师的手艺水平很容易通过学生的评价得出结果。所以，老师虽然是一个有着稳定编制的铁饭碗职业，但是老师仍然是一份沉淀着经验和技术含量的手艺工作。对于有能力有想法有手艺的老师，完全可以砸掉铁饭碗走向市场或者更好的公立学校；对于一些极有能力的老师来说，创业的门槛就非常低了，租上一间教室、摆上几十张课桌就可以开办自己的教育咨询公司。随着互联网教育的兴起，有经验和手艺的老师的创业成本会更加低廉，在家使用一台电脑就可以开始创业。

2. 师范行业的劣势

没有兴趣从事教师职业的考生尽量不要报考师范类专业。教师是一个需要极多耐心、包容心、责任心、热心的工作，如果一个教师缺乏对教育事业的热爱和兴趣，那么很快这个教师就会发现这个行业相当多不好的地方，甚至有的教师会站到学生的对立面。与教师付出的精力、技术含量水平相比而言，优秀教师的收入并不算高，就普通中学来说，教师的收入只相当于公务员的工资水平。加之目前公立学校的教师禁止外出补课，这就造成了教师的专业水平与收入水平存在一定的心理差距。从这个角度来看，教师的工作真的是"燃烧了自己，照亮了别人"。与公务员比较起来，同等条件的教师晋升空间与概率都小很多，多数教师只能在专业发展方向有所成就，很难走向管理与领导岗位。但从另外一个角度来说，教师的精神层面又是崇高的，教师的精神回报来源十分直接——学生的感恩和尊重就是最好的精神回报。

师范行业还有一些系统性的问题亟待解决——地区之间教育资源差距极大、贫富差距极大、应试教育的通病，这些系统性的问题都在影响着教师的工作方式和生活方式，并且这些问题很难由教师这个职业本身来解决。

3. 师范行业的门槛

如果不是被免费师范生录取，普通师范类专业的毕业生或者有教师资格证的普通专业毕业生想成为一名公办学校的教师是一件非常困难的事情，即使是农村地区的普通中小学教师编制也会存在极大的公开招考录取比例。好学校、名校的教师招录难度就更大，省级重点中学的一般要求是六所重点师范大学的研究生或者优秀的本科免费师范生。这个前提导致了大量的省级师范院校与地级城市普通师范院校的相关毕业生存在极大的就业压力，"高不成低不就"是普通省级师范大学毕业生的普遍状态——重点的中小学或者发达城市的中小学进不去，贫穷地区的中小学不想去。另外值得注意的是，即使六所教育部重点师范大学——北京师范大学、华东师范大学、华中师范大学、东北师范大学、陕西师范大学、西南大学也存在80%以上的非师范专业，这些非师范专业毕业生的就业仍然存在相当大的压力。高校是一个特殊的行业，只要拥有博士学位的毕业生几乎都能进入高校工作，专业并不太重要。而博士招生目前看来处于缩招的状态，录取的难度非常高，因此博士学位的含金量高、就业压力小。另外，高校教师的生活方式舒适、自由度大、收入合理，虽然投入的学习时间长，也有一定的工作压力，但是高校教师这份工作性价比是相当不错的。